Serge Marquis

Ich muss nicht alles glauben, was ich denke

Serge Marquis

Ich muss nicht alles glauben, was ich denke

Das Grübeln beenden, gelassener leben

Aus dem Französischen von Felix Mayer

Kösel

Deutsche Erstausgabe

Der Verlag weist ausdrücklich darauf hin, dass im Text enthaltene externe Links vom Verlag nur bis zum Zeitpunkt der Buchveröffentlichung eingesehen werden konnten. Auf spätere Veränderungen hat der Verlag keinerlei Einfluss. Eine Haftung des Verlags ist daher ausgeschlossen.

MIX
Papier aus verantwortungsvollen Quellen
FSC® C083411

Verlagsgruppe Random House FSC® N001967

Die Originalausgabe erschien unter dem Titel *On est foutu, on pense trop! Comment se libérer de Pensouillard le hamster* bei Éditions de La Martinière, Paris

2. Auflage
Copyright der deutschsprachigen Ausgabe © 2016 Kösel-Verlag, München, in der Verlagsgruppe Random House GmbH,
Neumarkter Str. 28, 81 673 München
Copyright © 2011 Les Éditions Transcontinental, Québec,
une marque de commerce de TC Média Livres Inc.
Copyright der französischen Ausgabe © 2015 Editions de La Martinière, Paris, une marque de la société EDLM
Umschlaggestaltung: Weiss Werkstatt, Muenchen
Illustration: Janusz Korwin-Kossakowski / werkstattmuenchen.com
Satz: Satzwerk Huber, Germering
Druck und Bindung: CPI books GmbH, Leck
Printed in Germany
ISBN 978-3-466-34649-3
www.koesel.de

 Dieses Buch ist auch als E-Book erhältlich.

Für Danielle
Mein ganzes Leben weiß, wofür

Das Ich kann aus sich nichts Besseres machen. Es kann sich von einem Augenblick zum nächsten verändern, aber es bleibt stets das Ich, diese trennende und auf sich selbst bezogene Bewusstseinsaktivität, die hofft, eines Tages etwas zu werden, was sie nicht ist. [...] Daher bleibt nur das Ende des Ich.

Jiddu Krishnamurti

Inhalt

Einleitung
Wie wir uns mit Kleinigkeiten verrückt machen

Ein großer Teil des menschlichen Leidens ist sinnlos. Wir fügen es uns selbst zu. Ein großer Teil des menschlichen Leidens entsteht durch verschiedene Formen von Widerstand, durch das Nichtakzeptieren dessen, was ist.

Eckhart Tolle

7:00 Uhr morgens. Sie sind auf der Toilette. Sie sind gerade erst aufgestanden und Ihr Gehirn ist noch ganz vernebelt. Als Sie nach dem Toilettenpapier greifen, stellen Sie fest, dass keines mehr da ist. Nur die Papprolle ist noch übrig. In Ihrem Kopf bricht ein Gedankentornado los: »Das kann doch nicht wahr sein! Warum passiert so was immer nur mir? Es ist doch nicht so schwer, eine Klorolle zu wechseln, verdammt noch mal! Dazu muss man doch nicht studiert haben!«

Sie sind gerade einmal fünf Minuten wach und schon platzt Ihnen der Kragen – wegen einer leeren Papprolle! Nur ein paar Gedanken haben genügt, damit Sie mit den Zähnen knirschen und Ihr Magen sich verkrampft.

7:10 Uhr. Inzwischen sind Sie unter der Dusche. Das Shampoo befindet sich dort normalerweise immer an derselben Stelle – Effizienz ist das halbe Leben. Sie sind nicht zwanghaft, aber Sie pflegen Ihre kleinen Gewohnheiten. Nass von Kopf bis Fuß wollen Sie sich die Haare waschen, beugen sich nach unten und greifen – welche Überraschung – ins Leere!

Da fällt Ihr Blick durch die Tür der Dusche auf die Sham-pooflasche, die Sie vom anderen Ende des Badezimmers hä-misch angrinst. Im selben Moment sausen wieder die Gedan-ken durch Ihr Hirn: »Warum hat sie (Ihre Tochter) sie nicht wieder zurück in die Dusche gestellt? Denkt hier irgend-jemand auch an mich?«

Zwischen Ihrem Hals und Ihrer Magengrube breiten sich leichte Krämpfe aus. Dabei sind Sie erst vor zehn Minuten aufgestanden! Und der Tag wird lang.

7:20 Uhr. Sie suchen in der Schublade der Kommode ein Paar frische Socken. Sie wollen die braunen anziehen, weil sie am besten zu der beigen Hose passen. Doch so tief Sie auch in der Schublade wühlen, die braunen Socken sind unauffind-bar! Ihre Ehefrau, eine große Waschdienstleiterin vor dem Herrn, ist dummerweise schon auf dem Weg zur Arbeit. Jetzt geht es in Ihrem Kopf erst richtig los: »Aha, Madame ist sich also zu gut dafür! Sie denkt nur an ihre Arbeit, nie an die an-deren und schon gar nicht an mich! Aber wenn ich nicht da wäre, dann möchte ich sie sehen! Ich reiße mir beide Beine aus, damit sie ein schönes Leben hat, und das ist der Dank!«

Ihr Atem wird kürzer, als hätten Sie sich an den braunen Socken verschluckt. Und das Schlimmste ist: Sie haben heute noch mit keinem Menschen gesprochen!

7:30 Uhr. Sie stehen in der Küche und haben gerade eine Banane gegessen. Jetzt wollen Sie die Schale in den Abfallei-mer unter der Spüle werfen. Als Sie die Tür des Küchen-schrankes öffnen, streckt Ihnen die Mülltüte ihr überquellen-des Maul entgegen. Ein Hühnerknochen hat sogar ein Loch in das Plastik gerissen. Sie drehen sich zu Ihrer Tochter um, die ihre Frühstücksflocken löffelt und die Nachrichten von letzter Nacht checkt. Gedankensturm, Folge vier: »Nicht zu fassen! Als hätte ich nichts Besseres zu tun, als den Müll runterzubringen! Dem Fräulein Prinzessin immer zu Diensten! Natürlich, sie könnte sich ja die Finger schmutzig machen, der Hühnerknochen könnte sie piksen oder vergiften und in einen hundertjährigen Schlaf versetzen! Kann sie denn nicht einmal eine Mülltüte wechseln?«

Sie sind außer sich vor Wut.

7:45 Uhr. Im Auto. Sie warten an einer roten Ampel. Die Ampel springt auf Grün, doch der Wagen vor Ihnen bewegt sich nicht. Der Fahrer gestikuliert und spricht offensichtlich mit dem Kind auf der Rückbank. Die Ampel steht schon seit mindestens drei Sekunden auf Grün. Lange genug, damit in Ihrem Kopf wieder die Gedanken losbrausen: »Jetzt mach schon, du Idiot! Kann ja sein, dass du Zeit hast, aber ich nicht, ich hab's eilig!« Während Sie auf die Hupe drücken, ziehen Sie den Kopf immer tiefer zwischen die Schultern. Das tut ein bisschen weh, hält Sie aber nicht davon ab, weiter zu zetern: »Kein Wunder, dass hier nichts vorwärtsgeht, mit solchen Schwachköpfen wie dir!« Sie krallen sich am Steuer fest, als wollten Sie jemanden erwürgen. Sie bekommen fast keine Luft mehr, Ihre Lungen krampfen sich zusammen und mit einem Mal husten Sie los wie ein Tuberkulosekranker.

Und dabei hat Ihr Wecker erst vor einer knappen Stunde geläutet.

Stopp! Hören Sie auf!

Es ist höchste Zeit für eine Pause in Ihrem Tagesablauf – aber vor allem in Ihrem Kopf.

Wir alle kennen solche Tage, an denen alles schiefgeht und uns offensichtlich die ganze Welt übel gesinnt ist. Verzwickte Tage, an denen unsere Kinder, unsere Eltern, unsere Kollegen und unsere Freunde sich verbündet haben, um uns das Leben zu vermiesen. Sie wissen, wovon ich spreche, nicht wahr? Und heißt es nicht: Die Hölle, das sind die anderen?

Doch ob Sie es wahrhaben wollen oder nicht: Sie selbst bringen sich unbewusst in diese Lage, Sie selbst machen sich – und gleichzeitig den anderen – das Leben schwer.

Sie leiden, das steht außer Frage, doch Sie wissen nicht, wie Sie diesem Leiden ein Ende bereiten können. Sie wissen nicht einmal, woher es rührt. Haben Sie auch nur die geringste Ahnung, weshalb Sie so reagieren? Nein? Wirklich nicht?

Dabei ist die Antwort ganz einfach:

Sie haben einen Hamster im Kopf!

Und dieser kleine, unsichtbare Nager kann im Handumdrehen all Ihre Aufmerksamkeit auf sich ziehen und so schnell rennen, dass Sie regelrecht durchdrehen!

Ich vermute, Sie sind skeptisch. An Ihrer Stelle wäre ich das auch. Und doch hat jeder Mensch so einen Hamster im Kopf. Wirklich jeder! Der Autor dieser Zeilen ist da keine Ausnahme. Und weil ich aus eigener Erfahrung weiß, wie sehr einem dieser Hamster im Kopf zusetzen kann, möchte ich mit Ihnen darüber sprechen.

Bei mir hat das Leiden im Alter von vier oder fünf Jahren angefangen (ja, so früh schon!). Damals habe ich natürlich noch nichts begriffen, und erst sehr viel später hatte ich das Glück, diese kleine Bestie zähmen zu können. Das hat allerdings seine Zeit gedauert, und ich musste viel und lange leiden, bevor ich verstand, was dieses Tierchen am Laufen hält.

Im Folgenden möchte ich Ihnen also diesen Hamster vorstellen und Ihnen zeigen, wie Sie ihn außer Gefecht setzen können – wir müssen nämlich gar nicht unter ihm leiden. Mit diesem Buch möchte ich Ihnen helfen, sich von diesem Übel zu befreien, von diesem seltsamen Geschöpf, das Ihnen auf der Tasche liegt, Ihnen auf die Nerven geht, das Sie fertigmacht, blendet, isoliert, beraubt, abstumpfen lässt, erniedrigt, verweichlicht, betrügt usw.

1

Der Grüblerich betritt die Bühne

Das Ich ist das Ergebnis einer geistigen Aktivität, die in unserem Bewusstsein ein imaginäres Wesen erschafft und am Leben hält.

Han F. de Wit

Den kleinen Hamster, der in den Köpfen von uns Menschen herumtrippelt, nenne ich den Grüblerich. Weshalb? Weil er wenig nachdenkt, aber andauernd grübelt. Sein Gegrübel beansprucht unseren Geist den lieben langen Tag. Er verurteilt, beschuldigt, kritisiert, bedauert und kaut die Dinge wieder und wieder durch. Wir alle kennen anstrengende Lebensphasen, in denen wir keinen Abstand zur Welt gewinnen können, nur noch wirre Gedanken und nutzlose Einfälle haben, zu keiner Handlung mehr fähig sind und uns weder um das eigene Wohlergehen noch um die Beziehungen zu anderen Menschen kümmern können. Sie wissen sicher, wovon ich spreche.

Man kennt den Grüblerich auch unter dem Namen Ego. Dieser Begriff bezeichnet die geistige Aktivität, die sich ab einem bestimmten Punkt ihrer Entwicklung »für ein Individuum hält«[1]. Mit anderen Worten: Sie hält sich für Sie, für mich, für das große Ich.

Sie brauchen den Grüblerich gar nicht erst zu suchen. Er ist nicht zu erwischen! Selbst die modernsten Apparate mit ihren

---

[1] Yen Chan: *La Voie du bambou.* Paris: Éditions Almora 2006, S. 96.

dreidimensionalen Farbbildern würden in Ihrem Kopf nicht einmal die Haarspitze eines Hamsters entdecken.

Und dennoch ist er ein Monster! Dieses kleine Tierchen ist der gestrenge Zuchtmeister des Leidens, es verursacht Leid und verbreitet es. Wie bewerkstelligt der Grüblerich das? Indem er alles an sich reißt: *Ich! Ich! Ich!* Man muss kein Superstar sein, um ein überdimensioniertes, maßloses, aufgeblasenes, krankhaft vergrößertes Ego zu haben. Ebenso wenig braucht man komplizierte psychoanalytische Theorien, um zu erkennen, dass dieses kleine Ego nur ein hibbeliger Nager ist, der in seinem Laufrad gefangen nichts anderes von sich gibt außer: »Ich ...«, »Mein ...«, »Warum bekomme ich nie ...?«. Oder, andersherum: »Warum muss immer ich ...?«

Erinnern Sie sich an das Toilettenpapier, die Shampooflasche, den Mülleimer, den Autofahrer ... Es ist immer dasselbe: Ich gegen die anderen. Und der Grüblerich verteidigt seinen Titel gegen die ganze Welt!

Die meisten Menschen wissen nicht, dass der Grüblerich in ihrem Kopf lebt. Sobald er sich in Bewegung setzt, bleibt für nichts anderes mehr Raum, weder für ernsthafte Überlegungen noch für inneren Frieden. Das Getöse des Grüblerichs besetzt unser ganzes Bewusstsein und lässt kein Eckchen mehr frei, von dem aus wir sein Treiben und die daraus folgenden Wahnvorstellungen beobachten könnten.

Kommen wir noch einmal zu dem Tagesanfang zurück, den wir vorhin beschrieben haben, dem Beginn eines gewöhnlichen Tages in einem normalen Leben. Nehmen wir jetzt auch das Tierchen in den Blick und sehen uns an, wie es uns an der Nase herumführt.

Der Grüblerich-Effekt

7:00 Uhr morgens. Wer musste noch nie eine Klopapierrolle wechseln, weil der Vorgänger es nicht getan hatte? Vermutlich niemand. Sie sehen sich nun also der leeren Rolle gegenüber. Kann es etwas Harmloseres geben als dieses Ding aus Pappe? Und doch sind Sie stocksauer und fühlen sich tief in Ihrem Innern verletzt. Das kommt daher, dass Ihr Ego gekränkt ist. Es fühlt sich vernachlässigt. Natürlich wäre das Leben leichter, wenn die Bewohner dieser Wohnung einander respektieren würden und Sie jetzt nicht die paar Schritte machen müssten, um eine neue Rolle zu holen. Diese wenigen Schritte sind geradezu eine Qual. Das eigentliche Problem liegt jedoch in Ihrem Kopf, in der Art, wie Sie reagieren. Der Hamster in Ihrem Kopf ist genervt und läuft auf Hochtouren: »Warum passiert so was immer nur mir? Warum muss *ich* mich um alles kümmern?«

Diese Gedanken suggerieren, dass *Sie* diese vermaledeite Rolle sehr wohl gewechselt hätten, denn Sie, Sie sind anders als die anderen! Sie sind nicht wie all diese Faulpelze, die nur so weit denken, wie ihre Nasenspitze reicht. Sie sind eine Ausnahme, etwas Besonderes. Sie tun, was sonst niemand tut. Sie sind stets für die anderen und ihre Bedürfnisse da. Niemals hätten Sie diese leere Papprolle in der Halterung gelassen. Nein, niemals!

Merken Sie, wie Ihr Hamster in Rage gerät?

7:10 Uhr. Die Shampooflasche ist ebenso wenig ein für Sie bestimmtes Folterwerkzeug, wie Ihre kapriziöse Tochter eine Foltermeisterin ist. Aber durch die Grübeleien, die der Hamster aus seinem Rad herausschleudert – »Warum hat sie das Shampoo nicht wieder zurückgestellt? Was ist denn mit den anderen? Was ist mit *mir*?« –, werden Hormone ausgeschüttet, die dann in Ihren Blutbahnen zirkulieren. Gleichzeitig treten Muskelverspannungen und andere Reaktionen auf, die Sie wieder einmal deutlich spüren lassen, in welchem Saustall Sie leben müssen. Das Toben in Ihrem Kopf hat jedoch weder mit der Shampooflasche noch mit Ihrer Tochter zu tun. Wiederum ist es Ihr Ego, das sein Recht einfordert. Es will gebührend gewürdigt werden und schimpft in einem fort: »Ich bin doch schließlich kein Möbelstück!«

Auch dieser Gedanke enthält die unausgesprochene Behauptung, dass Sie – ein über jeden Vergleich erhabenes Geschöpf – diese verdammte Shampooflasche sehr wohl zurück in die Dusche gestellt hätten. Denn *Sie* wissen, was sich gehört. Ihr Scharfsinn erlaubt es Ihnen, respektvolles Handeln von respektlosem zu unterscheiden, gerechtes von ungerechtem sowie gutes von schlechtem. So ist es nun einmal, Ihr außerordentliches Ego! Die anderen hingegen ... alles erbärmliche Gestalten!

Und die unauffindbaren braunen Socken? Der Hühnerknochen, der den Müllsack aufgeschlitzt hat? Der Idiot, der bei Grün nicht losfährt? All das löst den Ego-Lärm aus, der in Ihrem Kopf dröhnt, keine Ruhe aufkommen lässt und jede Reflexion zunichtemacht. Dann regiert nur noch der Grüblerich mit seinen Hirngespinsten – »Meiner Frau bin ich völlig gleichgültig, meine Tochter führt sich auf wie eine Prinzessin und der Autofahrer vor mir ist ein Schwachkopf!« –, die er selbst für brillante Gedanken hält.

Die folgenden Situationen kommen Ihnen sicher bekannt vor. Anhand dieser Beispiele werden Sie rasch verstehen, dass schon ein kurzer Moment der Unachtsamkeit genügt, damit Ihr Hamster das Kommando übernimmt. Doch was für ein Segen ist es, wenn er sich wieder beruhigt!

Ein durchgeknallter Hamster

8:45 Uhr. Sie stehen vor einem Publikum. Sie halten ein Referat, präsentieren die Ergebnisse Ihrer Arbeit oder geben Unterricht – und während Sie sprechen, betritt ein Nachzügler den Raum. Alle drehen sich nach ihm um, und schon haben Sie die Aufmerksamkeit Ihrer Zuhörer verloren. Sofort legt der Grüblerich los: »Warum glotzen die den alle so an? Diese Niete, die andauernd auffallen muss! Und mir hört keiner mehr zu!« Sie fühlen sich nicht mehr wohl in Ihrer Haut, verlieren den Faden, fangen an zu schwitzen und zu stammeln ...

10:00 Uhr. Sie hören Ihre Mailbox ab. Eine Nachricht von Ihrer Mutter. Sie teilt Ihnen mit, dass Ihr Vater letzte Nacht ins Krankenhaus gebracht wurde. Nach den Abendnachrichten hat er sich plötzlich schlecht gefühlt. Man weiß noch nicht genau, was los ist. Sofort fängt der Grüblerich an zu rasen: »Ausgerechnet heute, wo ich so viel zu tun habe! Typisch für den Alten: Vermiest mir das Leben, wo es nur geht!« Ihr Kopf droht zu platzen, aber Sie finden Ihre Tabletten nicht. Wieder meldet sich der Grüblerich zu Wort: »Wer hat mir bloß meine Aspirin geklaut? Heute hat es das Leben wirklich auf mich abgesehen. Dabei habe ich ihm doch gar nichts getan! Warum ist es nur so ungerecht zu mir?«

13:00 Uhr. Sie erfahren, dass ein Kollege befördert wurde – und nicht Sie, wie Sie gehofft hatten. Dabei haben Sie im Gegensatz zu ihm unzählige Überstunden geschoben, Ihre Wochenenden für Fortbildungen geopfert und endlose Sitzungen über sich ergehen lassen. Alles vergebens. Schon fängt der Grüblerich in seinem Rad wieder an zu rennen: »Warum er? Weshalb ist er besser als ich? Dieser Schleimer! Ich hab's ja geahnt, Wissen und Können zählen in dieser Firma nicht. Wer laut schreit, kommt weiter als einer, der vielleicht ein bisschen was draufhat!«

Kurz darauf nehmen die Grübeleien eine andere Richtung: »Ich will hier sowieso nicht mehr arbeiten. Wahrscheinlich bin ich hier auch gar nicht richtig. Mir fehlt der Antrieb, die Motivation. Und auf Anerkennung kann ich hier warten, bis ich schwarz werde!« Bei diesen Gedanken wird Ihr Herz schwer wie ein Stein.

19:00 Uhr. Sie essen mit Freunden zu Abend. Auch Roger ist da, der wie immer ohne Pause redet. Sein Leben ist eine Ansammlung von Heldentaten: Er hat den Dalai Lama getroffen, den Kilimandscharo bestiegen, den Krebs besiegt und mit Immobilien ein Vermögen gemacht. Derzeit arbeitet er ehrenamtlich auf der Palliativstation eines Krankenhauses. Heute Abend ist sein Grüblerich in Hochform: »Letzte Woche habe ich in diesem Gourmetrestaurant, das kürzlich eröffnet hat, einen 1982er Château d'Yquem getrunken. Ein göttliches Erlebnis! ... Nächsten Dienstag nehme ich an einer Podiumsdiskussion über Umweltschutz teil. Ein Freund hat mich eingeladen; er meinte, er fände es gut, wenn ich mich in dieser Sache engagiere.« Während Roger weiterschwadroniert, ist Ihr Grüblerich ebenso in Fahrt: »Warum habe *ich* nicht so ein Leben? Ihm gelingt einfach alles. Wie mir das auf die Nerven geht! Wenn er Lotto spielen würde, hätte er auf Anhieb sechs Richtige! Und dann ist er auch noch so großzügig. Widerlich, einfach nur widerlich!« Sie wollen nur noch weg. Aber Ihr Grüblerich gibt keine Ruhe: »Wie sieht das denn aus, wenn ich jetzt gehe? Ich sollte ihm vielmehr klarmachen, dass er nicht der Einzige ist, der Dienst an der Menschheit leistet.« Und Sie kratzen sich weiter an den Oberschenkeln, als wäre ein Schwarm Mücken über Sie hergefallen.

22:00 Uhr. Das Telefon klingelt. Die Polizei ist dran. Ihr Sohn wurde soeben festgenommen, alkoholisiert und im Besitz von Cannabis. Er wird bis morgen in Gewahrsam behalten, vielleicht sogar länger. In Ihrem Kopf geht der Grüblerich an die Decke: »Wogegen habe ich mich versündigt, um so etwas zu verdienen? Er hat doch immer alles gehabt, dieser Dummkopf! Ich war immer für ihn da! Und seine Freunde sind lauter Taugenichtse!«

Mitternacht. Sie liegen im Bett, die Augen weit aufgerissen. Der Grüblerich hat sich in eine nachtaktive Kreatur verwandelt. Er scheint kräftiger geworden zu sein, als hätten Sie ihn gemästet. Sie können keinen klaren Gedanken mehr fassen: »Was habe ich nur falsch gemacht? Mein Sohn ist ein Junkie, weil ich ein Rabenvater bin. Meine Karriere stagniert, weil ich eine Niete bin. Wahrscheinlich haben selbst meine Freunde Mitleid mit mir.« Und so geht es stundenlang weiter, immer im Kreis. Eine wahre Tortur für die Nerven.

Stopp!

Die Nerven beruhigen

Haben Sie bemerkt, dass in jeder der geschilderten Situationen Ihr Ego präsent war? Denken Sie an Roger, an den Kollegen, der gerade befördert wurde, an die Freunde Ihres Sohnes, an den Nachzügler ...

Warum zum Teufel macht es Sie so verrückt, wenn Ihr Publikum Ihnen die Aufmerksamkeit entzieht? Es wäre doch äußerst ungewöhnlich, wenn alle Menschen wären wie Sie und bei wichtigen und interessanten Dingen zuhörten, ohne sich ablenken zu lassen. So wäre die Welt vielleicht, wenn alle Grübleriche gezähmt wären. Doch so weit sind wir noch lange nicht! Im Gegenteil, in der heutigen Zeit scheinen unsere geistigen Hamster vielmehr immer irrer und schneller zu laufen – und an erster Stelle natürlich Ihr eigener!

Wenn sich Ihre Zuhörer mit Augen und Ohren ganz dem Nachzügler zuwenden, sieht sich Ihr Ego mit einem Schlag der Aufmerksamkeit beraubt, die es zum Leben braucht. Weil der Grüblerich sich vernachlässigt fühlt, ruft er aus tiefstem Herzen: »Und ich? Kümmert sich denn niemand mehr um mich? Werde ich etwa verlassen? Was wird jetzt aus mir?« Denn der Grüblerich will unbedingt alle Scheinwerfer auf sich gerichtet sehen. Er will nicht zulassen, und sei es auch nur für einen Augenblick, dass Ihr Bewusstsein sich einschaltet und folgende simple Tatsache erkennt: Sich nach der Tür umzusehen, wenn diese aufgeht, ist nichts anderes als ein Reflex, der das Überleben sichert.

Dieser primitive Reflex stammt noch aus Zeiten, in denen der Mensch sich in jede Richtung absichern und ein Augenmerk auf die geringsten Veränderungen in seiner Umgebung haben musste, um nicht im nächsten Moment gefressen zu werden. Dieser Erkenntnis verschließt sich der Grüblerich jedoch, weil er selbst entsetzliche Angst hat, zu sterben und aus dieser Welt zu verschwinden. Deshalb verwendet er auch so viel Energie darauf, wahrgenommen zu werden und seine Bedeutung sowie seine Einzigartigkeit zu unterstreichen. Sein kleines Hamsterhirn folgt ausschließlich dem Grundsatz: Wenn ich außergewöhnlich bin, einzigartig oder von besonderer Bedeutung, wird sich immer jemand für mich interessieren. Diese Überzeugung ist die Triebfeder für sein unermüdliches Rasen sowie der Grund für das daraus resultierende Leiden. Statt – wie die Menschen in früheren Zeiten – aufzuschrecken, wenn es Anzeichen dafür gibt, dass man gefressen werden könnte, entwickelt das Ego heute panische Angst bei der Aussicht, ihm könnte die Aufmerksamkeit entzogen (oder gar nicht erst geschenkt) werden und es könnte daran zugrunde gehen.

Machen Sie sich klar: Nur die Angst des Grüblerichs verursacht die Stürme in Ihrem Kopf!

Wer Angst hat, schlägt bekanntlich Alarm – das gilt vor allem für Tiere. Weil das Ego gesehen werden will, muss es sich bemerkbar machen, um auf irgendeine Weise Aufmerksamkeit zu erregen. Vielleicht ist der Nachzügler ja absichtlich zu spät gekommen, einfach nur, um Beachtung zu finden? Das Ego befindet sich in permanenter Alarmbereitschaft und sucht fortwährend nach Anzeichen dafür, ob ihm Aufmerksamkeit geschenkt oder entzogen wird. Ohne Unterlass sondiert es Körpersprache, Gestik und Physiognomie der anderen. Das Ego vergleicht, beurteilt, kritisiert, schätzt ein, greift an, beschuldigt, verachtet oder beweihräuchert, vergöttert, rühmt, verführt usw. Es wirft in unserem Kopf alles durcheinander: was existiert und was nicht existiert, was in Ordnung ist und was nicht in Ordnung ist, was wir uns erklären können und was wir uns nicht erklären können ... Kein Wunder also, dass wir bisweilen den Durchblick verlieren. Wenn man sich pausenlos – und schon so lange! – in einem Laufrad abstrampelt, wird es fast unmöglich zu erkennen, wann das alles angefangen hat und wann und ob es jemals aufhören wird.

Angst kann aber auch lähmend wirken. Dann verstecken wir uns, versuchen unsichtbar zu werden und bibbern. Unser Herz fängt an zu hämmern: Babumm! Babumm! Wenn das Herz sich versteckt, macht es unweigerlich Lärm.

Ich höre schon, wie Sie protestieren: Aber dieser unerträgliche Roger mit seinen Heldentaten, die Beförderung des Kollegen, der schlechte Umgang Ihres Sohnes – das sind doch alles ziemlich unangenehme und problematische Dinge!

Ich habe niemals das Gegenteil behauptet. Ich will nur verdeutlichen, dass hinter all Ihrem Leiden Ihr Ego steckt, also niemand anderes als der Grüblerich! Der verrückte Hamster, der in Ihrem Kopf unablässig vor sich hinbrabbelt: »*Ich* hätte befördert werden müssen! Ich habe mich doch so ins Zeug gelegt und bin ein außerordentlich wertvoller Mitarbeiter! Was Roger angeht: Er müsste mich wirklich mehr respektieren. Er ist doch nicht der einzige Mensch auf diesem Planeten! Ich habe auch Außergewöhnliches geleistet. Und habe ich für meinen Sohn nicht alles getan?«

Dieses lärmende Durcheinander in Ihrem Kopf ist nichts anderes als das Ich in voller Aktion.

Wenn ein Mensch seine Kinder umbringt, kommt darin einzig und allein das Ich zum Ausdruck, sonst nichts. Ich will das in keiner Weise bewerten, sondern lediglich erläutern, was sich im menschlichen Geist abspielt. Wenn etwa ein Mann erfährt, dass seine Frau ihn betrügt, kommt in seinem Ego sofort ein bestimmter Mechanismus in Gang. Der Grüblerich ist verletzt und frustriert, weil er nicht mehr der Einzige ist, dem die Gattin ihre Aufmerksamkeit schenkt. Er ist nicht mehr der Einzige, der Außergewöhnliche, der Besondere! Ein anderer ist an seine Stelle getreten. Sein Ich gerät in Aufruhr. Es hat Angst, zurückgewiesen und verlassen zu werden und in der Folge nicht mehr zu existieren.

Die Gedanken und Bilder, die diesem Mann nun im Kopf herumspuken, führen zur Ausschüttung einer Vielzahl von Hormonen, und zwar solcher, die die Organtätigkeit regulieren, wenn sich jemand bedroht fühlt. Immer mehr Worte und Bilder tauchen auf und wirbeln in einem dröhnenden, sich stetig wiederholenden Reigen umher. Der Grüblerich will unschädlich machen, was ihn bedroht, und dort zuschlagen, wo er den Widersacher am schmerzhaftesten trifft. Immer mehr

Hormone werden ausgeschüttet. Die Hand greift nach einem Messer. Diese Handlung wird einzig und allein von einem verletzten, panischen Ego gesteuert, das sich vom Schmerz und der damit verbundenen Angst befreien will. Dieses Ego hat keinerlei Bewusstsein von sich selbst. Es ist ein Ego im Reinzustand, das sich nur aus Grübeleien speist, die unablässig über es hereinbrechen, ohne dass auch nur ein einziger reflektierter Gedanke darunter wäre. Man kann hier durchaus von einem etwas geisteskranken Zustand sprechen.

Ich betone noch einmal: Weder will ich die Geschichte umschreiben noch irgendjemanden verurteilen. Ich möchte nur, dass jeder von uns sich seines eigenen Grüblerichs bewusst wird. Oft genügt schon eine Kleinigkeit, damit unser Geist im Lauf des Hamsterrades gefangen ist und uns zu den schlimmsten Taten treibt.

Was können wir also tun?

Bevor wir uns damit näher beschäftigen, möchte ich Sie noch auf eines hinweisen. Manche Menschen wählen statt der tief empfundenen Freude, die innerer Frieden mit sich bringt, lieber die Empfindungen, die das aufgeregte Treiben des Grüblerichs verursacht – auch wenn es sich um nichts anderes als Leid handelt. Diese Menschen verwechseln »Erregt sein« mit »Am Leben sein«.

Wie geht es Ihnen denn mit diesem Durcheinander in Ihrem Kopf? Haben Sie nicht die Nase voll davon? Sind Sie dieses endlose Lärmen nicht leid, das zu keinem Ende kommt und völlig sinnlos ist? »Ich rackere mich für alle anderen ab, aber keinen Menschen interessiert das ... Ich bin alleinerziehend, arbeite Vollzeit, habe zwei Kinder, einen Ex, der sich um überhaupt nichts kümmert, eine Mutter, die am Meer lebt und sich's gut gehen lässt, einen wahnsinnigen Chef, verlogene Kollegen, mörderische Migräneanfälle und vielleicht auch noch ein Magengeschwür ... Mir scheint, ich lebe nur für die anderen ... Und ich? Wer ist für mich da? Gibt es auf diesem Planeten irgendjemanden, der auch nur zur Kenntnis nimmt, dass ich existiere? Gibt es irgendwo auf dieser Welt einen Hamster, der zu meinem passt?«

Wünschen Sie sich nicht manchmal, dass diese Gedanken endlich aufhören und Platz machen für die schönen Dinge, die das Leben in Hülle und Fülle bietet? Wie etwa der Duft von Pfingstrosen, die unter der Sommersonne blühen, oder der Kaffee am Morgen; der Geschmack frisch gepflückter Erdbeeren oder der grüne Tee, der Ihre Kehle hinabrinnt; ein hübsches Seidenkleid oder das feuchte Gras unter Ihren Füßen; eine salzige Brise am Meeresufer oder der Gesang der Amsel; die hoffnungsfrohen Farben der Morgendämmerung oder die friedlichen Schattierungen des Sonnenuntergangs? Was, wenn Sie wirkliche Lösungen für die Probleme finden könnten, die sich Ihnen stellen? Wenn Sie Ihren Sohn ernsthaft unterstützen könnten? Wenn Sie Ihren Vortrag halten könnten, ohne sich aus der Ruhe bringen zu lassen? Und wenn Sie trotz Rogers Prahlereien einen angenehmen Abend verbringen könnten?

Was also können Sie tun, um den Grüblerich zur Ruhe zu bringen?

Es gibt nur einen Weg:

Nehmen Sie sich zurück!

2
Wie man es schafft, sich zurückzunehmen

Wenn wir nicht denken, gibt es keine denkende Instanz. Erst durch das Denken entsteht die denkende Instanz.

Jiddu Krishnamurti

Keine Sorge, Sie werden nicht verschwinden!

Sich zurücknehmen bedeutet nicht, sein Ego abzutöten. Ihr liebes Ich wird Sie nicht verlassen. Sich zurücknehmen bedeutet, den Augenblick zu ermöglichen, in dem Ihnen bewusst wird, dass Ihr Denken ausschließlich aus ego-verseuchten Worten und Bildern besteht. In diesem Augenblick fällt die Aufmerksamkeit wie ein Schlaglicht auf den Grüblerich und trifft ihn, wenn er gerade in sein Laufrad steigt.

Dieser Vorgang vollzieht sich in einer einzigen Sekunde. Ja, in nur einer Sekunde! Diese Sekunde ist die wichtigste in Ihrem Leben und zugleich die am schwersten zu erreichende. Aber dank dieses Moments, in dem Sie sich Ihrer selbst vollkommen bewusst sind, werden Sie sich aus der Knechtschaft des Grüblerichs befreien.

Ich will deutlicher werden. In dieser entscheidenden Sekunde wird Ihr Bewusstsein wie durch ein Blitzlicht erhellt, wodurch Sie Ihr Denken, das eben noch ausschließlich auf Ihr Ego bezogen war, dahingehend verändern können, dass Ihr Ego darin keine Rolle mehr spielt. In nur einer Sekunde verschwindet das Ego. Ihre geistige Aktivität, die bislang vom

Mantra »Ich ... Ich ... Ich« bestimmt wurde, verwandelt sich in einen Geisteszustand, in dem vom Ego keine Spur mehr ist. Sie vollziehen den Übergang vom ichbezogenen zum bewussten Denken.

Doch damit dieser Übergang gelingt, bedarf es der Übung!

Nehmen wir zum Beispiel die geistige Aktivität (die mir innewohnt und die ich verkörpere), die dieses Buch verfasst. Sie gibt sich alle Mühe, die treffenden Worte zu finden, um zu verdeutlichen, wie das menschliche Denken sich selbst und anderen Leid zufügt. Zu diesem Zweck hat sie die Figur des Grüblerichs erfunden, ein spielerisches Symbol, mit dessen Hilfe sie ihre Aussagen anschaulich darstellen kann. Außerdem sucht sie konkrete Beispiele wie »Sie sind auf der Toilette ... Sie halten vor Ihren Mitarbeitern einen Vortrag« (natürlich nicht gleichzeitig!), ohne sich dabei um ihr Ego zu kümmern. Sie hat nur die Absicht, einen komplexen Aspekt der Wirklichkeit auf einfache und pragmatische Weise zu beschreiben, um damit den Menschen zu helfen, sich besser zu fühlen.

Ein einziger Moment der Unachtsamkeit genügt jedoch, und das ichbezogene Denken macht alles zunichte. Dann geistern im Kopf des Autors Fantasien wie diese herum: »Das wird ein einzigartiges Buch, ein Bestseller, der den Lauf der Welt verändern wird. Ich werde zahllose Interviews geben, die Kritik wird mich feiern und die Verkaufszahlen werden in astronomische Höhen klettern. Ich werde reich, überall werden mein Buch und mein Gesicht zu sehen sein ...«

Dieser innere Monolog geht mit einem Wohlbefinden einher, das von Glückshormonen ausgelöst wird. Deren Wirkung entfaltet sich von einem Moment auf den anderen, wie bei der Injektion einer Droge. Doch ebenso schnell lässt sie auch wieder nach. Umgekehrt könnte sich das ichbezogene Denken genauso gut verschwindend geringe Absatzzahlen oder die erniedrigende Nichtbeachtung durch die Presse ausmalen und sich dabei in entsprechenden Grübeleien ergehen: »Niemand versteht mich. Die Leute sind dumm, richtiggehende Ignoranten. Dabei ist das alles doch so einfach!« Begleitet werden diese Gedanken von einer Flut von Unglückshormonen sowie Unbehagen und Unwohlsein.

Auf der einen Seite steht also das Denken, das vom Grüblerich und seinen Grübeleien bestimmt wird (*ich, mein, mir* – eine Art physiologischer Mechanismus), auf der anderen eine geistige Aktivität, die keinerlei Verbindung mit dem selbstbezogenen Treiben des Hamsters aufweist. Im zweiten Fall ist das Bewusstsein ungebunden und kann daher Sinneswahrnehmungen in sich aufnehmen, Liebe schenken und Mitgefühl zeigen, das Schöne genießen sowie erschaffen, was dem Leben dienlich ist.

Ist der Unterschied nun deutlicher geworden?

Das ichbezogene Denken (unser Freund, der Grüblerich) strebt nach persönlicher Entwicklung, während das bewusste Denken nach überhaupt nichts strebt. Letzteres kann sich entfalten, wenn man sich selbst zurücknimmt infolge dieser kleinen Veränderung, die uns von unserem Ich befreit.

Sie haben sicher bemerkt, dass die geistige Aktivität, die dieses Buch schreibt, das Pronomen *ich* verwendet. Sie ist sich dessen sehr wohl bewusst. Und sie legt Wert darauf, diese Tatsache anzusprechen, bevor Ihr Grüblerich eine entsprechende Bemerkung fallen lässt. Grübleriche machen gern solche Bemerkungen; damit wollen sie zeigen, wie scharfsinnig und intelligent sie sind. Im Übrigen verfolgt die geistige Aktivität, die dieses Buch schreibt, mit der Verwendung dieses Pronomens ausschließlich pädagogische Ziele und keine egoistischen. In diesem *Ich* drückt sich nicht der Grüblerich des Autors aus, sondern sein Bewusstsein. Und der Autor ist klug genug zu wissen, dass er beständig auf der Hut sein muss, denn sein Grüblerich liegt im Geflecht der kleinen, grauen Zellen auf der Lauer und kann jeden Moment in sein Laufrad springen. Außerdem weiß der Autor, dass es heutzutage fast unmöglich geworden ist, nicht *ich* zu sagen. Das Ich ist überall. In unserem Leben hat es die Stelle jeder höheren Instanz übernommen.

Fassen wir zusammen:

In unserem Kopf gibt es eine Form geistiger Aktivität, die sich einzig und allein um etwas dreht, was wir das »Ich« nennen. Dieses ichbezogene Denken will das Ich um jeden Preis bewahren und ihm Größe und Geltung verschaffen.

Daneben gibt es eine zweite Form geistiger Aktivität, die keinerlei Verbindung zum Ich hat. Dieses bewusste Denken, wie ich es nenne, ist reine Wahrnehmung und ganz erfüllt von den Empfindungen, die unsere Sinne liefern. Die ichlosen Gedanken, die das bewusste Denken ausmachen, ermöglichen es uns, Kunstwerke zu schaffen, Besorgungen zu machen, Reisen zu planen, »Hallo, wie geht's?« zu sagen und vor allem bei der Antwort aufmerksam zuzuhören. Dieses Denken analysiert das Trinkwasser und organisiert die Müllabfuhr, es errichtet nach einem Erdbeben Notunterkünfte und verteilt Lebensmittel. Doch Vorsicht ist geboten. Das bewusste Denken läuft jederzeit Gefahr, von seinem Rivalen, dem ichbezogenen Denken, also dem Grüblerich und seinen Grübeleien, verdrängt zu werden.

Das Erwachen

Der Augenblick des Erkennens, der es uns erlaubt, uns zu-rückzunehmen, lässt sich treffend mit dem Begriff des Erwachens beschreiben.

Dieses Erwachen ist ein blitzartiger Moment der Hellsichtigkeit. Wir stellen fest: »Das ist es: Der Grüblerich regt sich wieder auf!« Als würde unser bewusstes Denken plötzlich sein Pendant (das ichbezogene Denken) auf frischer Tat und in höchster Erregung ertappen.

Zahlreiche spirituelle Lehren messen diesem Begriff des Erwachens große Bedeutung bei, doch auch hier mischt sich allzu oft das Ego ein. Viele Menschen, die glauben, ein ausgeprägtes spirituelles Bewusstsein zu haben, werden in Wahrheit von ihrem Ich gelenkt. Ihre Äußerungen klingen oft wie Beschwörungsformeln: »Ich kann Menschen heilen; das ist eine Gabe! Ich kann mit Geistern kommunizieren. Ich kann die Zukunft voraussehen. Ich kann Auren sehen und Menschen beschreiben, ohne sie jemals zu Gesicht bekommen zu haben.«

Während meiner Tätigkeit als Arzt habe ich es erlebt, dass Menschen gestorben sind, nachdem sie von irgendwelchen Gurus »geheilt« worden waren. Zu ihrem Unglück haben diese Menschen nicht erkannt, dass hinter diesen »magischen Händen« der Grüblerich am Werk war. Wenn ein Guru einen kollektiven Selbstmord initiiert, verfolgt er damit einzig und allein den Zweck, der Menschheit in Erinnerung zu bleiben. Auf diese Weise macht sich der Grüblerich unsterblich – jedenfalls glaubt er das.

Das Erwachen hat mit solchem Unfug nicht das Geringste zu tun. Erwachen bedeutet, dass das Bewusstsein seine Aufmerksamkeit ununterbrochen auf den Hamster richtet. Wie ein Jäger beobachtet es ihn und stellt ihm nach – dem einzigen Geschöpf, dessen Aussterben nicht zu beklagen wäre!

Dieser Bewusstseinszustand des Erwachtseins sorgt für inneren Frieden.

Werden Sie ungeduldig? Wollen Sie wissen, wie man es schafft, sich selbst zurückzunehmen?

Dann wollen wir keine Zeit verlieren und uns diesen Fragen unverzüglich widmen.

Erste Schritte

In der heutigen Welt steht individueller Erfolg über allem. Die Zeitungen sind voll davon. Jeden Tag lesen wir von denen, die es geschafft haben: Sportler, Künstler, Manager ... Und man verheißt uns, auch wir könnten den Gipfel des Erfolgs erreichen. Was für ein Irrtum! Die Annahme, das Glück beruhe auf individuellem Erfolg, ist eine Illusion, die den Weg zum Glück versperrt. Statt das Wohlbefinden zu mehren, füttert man nur weiter seinen Ego-Hamster, der dadurch erst recht an Kraft gewinnt.

Rufen wir uns in Erinnerung: Wer im Laufrad rennt, tritt auf der Stelle!

Aus diesem Grund ist persönlicher Erfolg ein Mythos. Schlimmer noch: ein gefährlicher Irrglaube, der auch der Gesundheit schadet. Immer mehr Menschen – die Zahl der weltweit zu diesem Thema erhobenen Statistiken ist mittlerweile unüberschaubar – schlucken zahllose Pillen, weil sie depressiv sind, von Ängsten geplagt werden oder an Schlaflosigkeit leiden. Und das nur wegen des unaufhörlichen Lärmens des Grüblerichs! Je schneller das Tierchen läuft, desto lauter wird das Dröhnen im Kopf, und je lauter das Dröhnen, desto stärker die Schmerzen.

Ein weiterer Irrtum liegt in dem Glauben, das Rad im Kopf käme zum Stillstand, sobald man alles erreicht hat, wonach man im Leben strebt. Lassen Sie sich nicht täuschen! Je mehr wir *haben*, desto mehr *wollen* wir, so ist das nun mal. Welches Dasein führen wohl all die Filmstars, Milliardäre und Supermodels? Sie ertrinken in einer Flut von Grübeleien, die sie nach mehr und immer mehr streben lässt.

Wir alle in der heutigen Gesellschaft kranken an unserem Ego. Der Grüblerich macht uns verrückt!

Was gewinnen wir also, wenn wir uns selbst zurücknehmen?

Sich selbst zurücknehmen bedeutet, wieder die einfachen Dinge des Lebens zu suchen und sie mit ruhigem Gemüt in vollen Zügen auszukosten. Gedichte schreiben, Kranke pflegen, kaputte Straßen reparieren, seine Kinder großziehen ... Die Liste der lohnenden Tätigkeiten ist unendlich und so vielfältig, wie Sie sie gestalten. Das Glück steckt in allem, was wir tun, vorausgesetzt, wir tun es mit Hingabe. Sich selbst zurücknehmen hat auch nichts mit Selbstverleugnung, Entsagung oder Frustration zu tun. Vielmehr geht es darum, sich der Welt zu öffnen und ein höheres Verständnis zu entwickeln.

Was aber tun, wenn die Grübeleien einfach nicht aufhören wollen?

Nehmen wir ein konkretes Beispiel. Sie haben gerade einen Freund zum Flughafen gebracht. Sie sind erleichtert, denn Sie haben den Check-in-Schalter buchstäblich in letzter Sekunde erreicht. Als Sie zurück zu den Aufzügen gehen, die zu den Parkdecks führen, überfällt Sie die Panik. In der Hektik haben Sie sich nicht gemerkt, wo Ihr Auto steht. Im selben Moment rennt Ihr Hamster los und es schießt Ihnen durch den Kopf: »Wo zum Teufel habe ich bloß geparkt? Was bin ich nur für ein Idiot! So was kann auch nur mir passieren!« In diesem Zustand heller Aufregung werden Sie Ihr Auto natürlich erst recht nicht wiederfinden.

Jetzt kommt es darauf an, den Grüblerich (also Ihr Ego, wie Sie mittlerweile wissen) auszuschalten, ihn zum Stillstand zu bringen. Sie müssen sich einen Moment der Klarheit verschaffen und erkennen, dass der Grüblerich Sie an der Nase herumführt. Wenn Ihnen das gelungen ist, können Sie sich ganz darauf konzentrieren, ihn aufzuspüren, ohne sich dabei verrückt zu machen. In diesem Zustand, befreit von der Herrschaft des Ich und seinem rasenden Verlangen nach Anerkennung, ist das denkerische Vermögen von großem Nutzen. Wenn es ungestört ist, kann es in aller Ruhe die Erinnerung befragen und die Möglichkeiten ausloten: In der ersten Etage? Könnte sein ... Vielleicht in der zweiten? In der dritten?

Um mit diesem Vorgehen Erfolg zu haben, müssen Sie es üben.

Hier nun eine erste Übung, mit der Sie lernen, sich selbst zurückzunehmen.

Übung

Diese Übung besteht darin, sich auf den Atem zu konzentrieren. Sie eignet sich besonders für Geschehnisse, die ärgerlich, aber im Grunde zu verschmerzen sind – etwa wenn sich die Türen der U-Bahn vor Ihrer Nase schließen. In so einer Situation sollten Sie als Erstes stehen bleiben, sich nicht mehr bewegen und die Aufmerksamkeit auf Ihren Atem richten. Mit dieser simplen Methode – zumindest wirkt sie nach außen so – machen Sie den ersten Schritt, um sich selbst zurückzunehmen.

Kommen wir nun zur Suche nach dem Auto zurück, diesmal jedoch in der Version ohne Ego.

Stellen Sie sich die Situation vor. Um Sie herum herrscht Stille. Nicht das leiseste Geräusch. Ein leichter Geruch nach Benzin und feuchtem Beton. Das Licht ist gedämpft. Alles scheint ruhig. Doch in Ihrem Kopf brodelt ein Vulkan: »Muss ich jetzt tatsächlich alle fünf Etagen abklappern? Ich bin wirklich der größte Schwachkopf, der rumläuft!«

Hier hat offensichtlich der Grüblerich die Fäden in der Hand. Sind Sie sich dessen bewusst?

Lehnen Sie sich an eine Wand, schließen Sie die Augen und richten Sie die Aufmerksamkeit auf den Atem, der Sie am Leben hält. Sie können auch mitzählen: Einatmen – fünf Sekunden. Pause – fünf Sekunden. Ausatmen – fünf Sekunden.

Atmen Sie!

Füllen Sie beim Einatmen den Bauchraum so weit wie möglich, damit das Zwerchfell ausgedehnt wird. Dadurch wird der *Nervus vagus* stimuliert, wodurch das Gehirn die Ausschüttung von Stresshormonen einstellt.

Und dann ... ist es vorbei!

Gehen Sie nun folgendermaßen Schritt für Schritt zum ichlosen Denken über: »Dann wollen wir mal überlegen. Ich bin durch die westliche Zufahrt gekommen ... Im Erdgeschoss war alles belegt ... Ich bin der Beschilderung in die zweite Etage gefolgt ... Ja, so war es: Ich habe in der zweiten Etage geparkt!«

Diese Gedanken können Sie in aller Ruhe verfolgen, ohne Urteile zu fällen und sich selbst oder die Architekten des Parkhauses zu verfluchen, denn das Ego ist bei diesen Überlegungen vollständig ausgeklammert. Und wenn Sie Ihr Auto dann gefunden haben, müssen Sie vielleicht sogar ein wenig lächeln ...

So eine Übung erfordert Disziplin – doch um wie viel besser geht es Ihnen danach!

Machen Sie diese Atemübung am besten jetzt gleich, auf der Stelle. Nehmen Sie sich ein paar Minuten Zeit und probieren Sie sie aus. Dann sind Sie vorbereitet und können diese Technik sofort einsetzen, wenn Sie sie einmal brauchen. Bedenken Sie, dass die Übung keinerlei Anstrengung erfordert. Lassen Sie sich einfach vom Rhythmus Ihres Atems leiten.

Richten Sie die Aufmerksamkeit auf Ihren Atem, sobald Sie feststellen, dass Ihr wütendes Ego Ihr Denken in seine Gewalt gebracht hat. Wenn Sie einmal erkannt haben, dass es zwei Arten der Bewusstseinstätigkeit gibt – »mit« und »ohne« Ego –, können Sie allein durch die Lenkung Ihrer Aufmerksamkeit von einer Form zur anderen wechseln. Sie nehmen sich zurück, und das ganz ohne Mühe.

Vielleicht hören Sie von diesen Dingen zum ersten Mal und tun sich daher ein wenig schwer mit der Umsetzung. Damit Sie besser verstehen, was vor sich geht, wenn man sich zurücknimmt, wollen wir uns diesen Prozess im Folgenden Schritt für Schritt vergegenwärtigen.

Unser Wort Disziplin leitet sich vom lateinischen discere ab, das »lernen« bedeutet, doch kurioserweise erfordert die Art von Disziplin, von der wir hier sprechen, nicht die geringste Mühe. Ein Paradox? Nein, denn der Bewusstseinszustand, in dem wir den Grüblerich beobachten, trägt meditative Züge und ist frei von jeder Anstrengung. Wenn Sie dabei doch eine

Anstrengung verspüren, ist das ein untrügliches Anzeichen dafür, dass Ihr Ego sich wieder Ihres Denkens bemächtigt hat. Das klingt dann etwa so: »Wie soll das denn gehen? Ich soll mich beobachten, ohne mich anzustrengen? Was ist denn das wieder für ein Humbug!«

Liebe Leser, sich ohne jede Anstrengung zu beobachten, bedeutet genau das: ohne jede Anstrengung! Entspannt und meditativ.

Sich zurücknehmen – in Zeitlupe

Weil der Prozess des Sich-Zurücknehmens sehr schnell vor sich gehen kann – manchmal innerhalb weniger Sekunden –, wollen wir ihn nun in »Zeitlupe« betrachten. Denken Sie an die Bilder einer Fernsehübertragung, wenn ein Fußballspieler einem anderen einen Ellbogencheck ins Gesicht verpasst und die entsprechende Szene unzählige Male in Superzeitlupe wiederholt wird, damit Sie auch ganz sicher sein können, dass der Ellbogen und nicht die Schulter des Gegenspielers den Stürmer Ihres Lieblingsvereins zu Boden gebracht hat. Wenn so etwas passiert, regt sich der Grüblerich, der sich mit dem Spieler identifiziert, ganz besonders auf. Ihr kleines Ego reagiert, als hätte es selbst den Ellbogen ins Gesicht bekommen. Es fängt an zu jammern und redet von Gehirnerschütterung ... Und im selben Moment, während Sie vor dem Fernseher sitzen, macht sich Ihr ganzer Körper zum Kampf bereit: die Muskeln, das Herz, einfach alles! Je öfter die Wiederholung zu sehen ist, desto lauter dröhnt es in Ihrem Kopf: »Dieser Mistkerl! Nicht zu fassen! Dem sollte man ordentlich die Fresse polieren!« Das Laufrad Ihres Hamsters dreht sich wie der Propeller eines Flugzeugs bei voller Geschwindigkeit und Ihr Ego füllt Ihr Denken aus wie ein Airbag, der bei einem Unfall ausgelöst hat.

Sehen wir uns nun an, was passiert, wenn wir uns zurücknehmen. Dieser Vorgang lässt sich in drei Schritte unterteilen. Im Folgenden finden Sie vier Beispiele, die Ihnen in Zeitlupe veranschaulichen, wie Sie sich selbst zurücknehmen können.

Beispiel 1: Der Fußballspieler

Erste Phase
Sie fläzen auf dem Sofa, Ihre linke Hand steckt in einer Chipstüte, in der rechten halten Sie eine Dose Bier. Gerade eben hat dieser »Mörder« der gegnerischen Mannschaft den Spieler gefoult, den Sie von allen am meisten vergöttern. Er hat blitzschnell und mit voller Wucht zugeschlagen. Ihr Spieler liegt am Boden und rührt sich nicht mehr. Jetzt schimpft der Grüblerich wie ein Rohrspatz! Das Laufrad dreht sich wie eine Kreissäge und die Worte sprühen hervor wie Sägespäne: »Ein Skandal! Der Typ hätte Boxer werden sollen und nicht Fußballer! Ein Spatzenhirn mit dem IQ einer Weinbergschnecke!« Inzwischen sind Sie aufgestanden. Chips und Bier verschwimmen auf dem Sofa zu einer undefinierbaren Masse. Sie ballen die Fäuste und keuchen vor Wut. Ihr Ego fordert Gerechtigkeit und würde diesen Grobian, der seine Identifikationsfigur, sein Idol bedroht, am liebsten lynchen. Denn ohne ein Vorbild, an dem er sich orientieren kann, fällt der Grüblerich in den Leerlauf und stürzt aus seinem Rad. Er fühlt sich völlig wertlos. Ohne die Siege, die Eroberungen und die Anerkennung, die andere ihm verschaffen, scheint es ihm, als würde er gar nicht existieren.

Zweite Phase

In den letzten Monaten haben Sie jeden Tag geübt, sich Ihrer selbst bewusst zu werden (wie das geht, erkläre ich weiter unten). Während der Grüblerich in Ihren Gedanken tobt, führen Sie diesen kurzen Moment des Erkennens herbei, der es Ihnen erlaubt, sich selbst zurückzunehmen. Das ichbezogene Denken ist plötzlich nicht mehr die einzige Bewusstseinstätigkeit, die Ihren Körper lenkt. Eine andere Form der psychischen Tätigkeit kommt hinzu: das bewusste Denken. Sie setzen sich und richten die Aufmerksamkeit auf Ihren Atem und Ihre Sinneswahrnehmungen. Aber Ihr kleines Ich macht das nicht mit! Es lässt nicht locker und wehrt sich mit Händen und Füßen. Für einen Moment gewinnt es wieder die Oberhand, bringt laut protestierend seine Unzufriedenheit zum Ausdruck und trägt noch einmal seine Argumente vor. Doch dann folgt wieder ein Moment des Erkennens. Das bewusste Denken kreist den Grüblerich ein und setzt sich durch. Es äußert die ersten Worte: »Immer mit der Ruhe ... Nur weil das liebe Ego sich aufregt, da oben zwischen den kleinen grauen Zellen, brauchst du doch nicht gleich in die Luft zu gehen. Konzentriere dich auf den Atem, auf die Anspannung in den geballten Fäusten und den knirschenden Zähnen ...«

Dritte Phase

Das Erkennen nimmt immer breiteren Raum ein und das liebe Ich zieht sich allmählich zurück. Ihre Aufmerksamkeit ist jetzt ganz darauf gerichtet, wie Sie mit Ihren Füßen den Boden berühren, mit Ihren Beinen auf dem Sofa ruhen und sich mit Ihrem Rücken an die Kissen lehnen. Sie erinnern sich an Ihre Mordfantasien und finden sie zunehmend lächerlich. Aber Sie begreifen auch, wie sie entstanden sind: durch Ihre Identifikation mit dem Spieler. Diese Figur aus dem

Sport hat Ihrem Ego Nahrung gegeben. Sie registrieren, wie das ichbezogene Denken vom bewussten Denken abgelöst wird. Friedliche Ruhe durchströmt in sanften Wellen erst Ihre Schultern und dann Ihren ganzen Körper. Ihr Ego verschwindet nach und nach und macht einem tief empfundenen Wohlergehen Platz. Schluss mit »Meine Mannschaft!«, »Mein Spieler!«, »Mein Spiel!«.

Beispiel 2: Der Hausmeister

Erste Phase

Sie sind Hausmeister in einer Schule. Es ist 16:00 Uhr und Sie beenden Ihren Arbeitstag. Der Grüblerich in Ihrem Kopf läuft auf vollen Touren, als hätte das stundenlange Putzen auf ihn wie ein Energydrink gewirkt: »Ich zähle hier überhaupt nicht. Was habe ich nur für einen erbärmlichen Beruf ... Das ist doch ein besch... Leben. Dabei hätte ich durchaus etwas aus mir machen können. Aber jetzt ist es zu spät. Es gibt eigentlich nur eine Sache, die ich richtig gut kann: Böden wischen. Aber darauf achten die Leute ja überhaupt nicht.« Ihre Knochen werden schwer, als wären sie mit Beton ausgegossen. Ihre Füße fühlen sich an, als wären sie Eisenkugeln. Ihr Ego verbraucht all Ihre Energie. Sie bestehen nur noch aus Angst und Leid.

Zweite Phase

Mit einem Mal kündigt sich der Moment des Erkennens an. Das bewusste Denken stürzt sich wie ein Superheld in das Laufrad des Grüblerichs und hält es in seinem wahnwitzigen Rasen an. Das Gegrübel des Ego wird von anderen Gedanken überlagert: »Sieh an: Der Grüblerich beansprucht den ganzen

Raum für sich, und das bereitet mir Schmerzen. Meine Brust ist schwer wie Blei und mein Kopf fühlt sich eingeschnürt an, aber – wie seltsam – der Druck scheint nachzulassen. Als könnte ich mich aus der Ferne beobachten und als würde sich dadurch alles lösen.« Der Moment des Erkennens setzt ein. Sie fangen an, sich zurückzunehmen. Sie entscheiden sich, Ihre Aufmerksamkeit gezielt zu lenken. Sie richten sie zunächst für ein paar Sekunden auf Ihren Atem und anschließend auf die Empfindungen Ihres Körpers, auf das vom Treiben des Grüblerichs verursachte Leiden, ohne es zu analysieren oder zu verurteilen. Vielleicht können Sie Ihre Beschwerden auch benennen: »Hier in der Magengegend hat sich etwas verkrampft, und mein Hals fühlt sich an, als hätte ich mich verbrüht.« Dann richten Sie die Aufmerksamkeit auf Ihre Gedanken (das ist am schwierigsten): »Warum verachte ich meine Arbeit so sehr? Warum erniedrige ich mich selbst? Wohin soll das denn führen?«

Dritte Phase
Sie haben sich fast so weit zurückgenommen, wie es geht. Das bewusste Denken nimmt jetzt Ihr ganzes Bewusstsein ein. In aller Ruhe lenken Sie die Aufmerksamkeit auf die Details Ihrer Arbeit. Sie betrachten den Fußboden, den Sie eben geputzt haben. Sie nehmen alles in sich auf: die Reinheit der Fliesen, ihren Glanz und den Geruch nach Sauberkeit, der noch über dem Boden schwebt. Eine Empfindung der Fülle durchströmt Ihren Körper. In Ihrem Geist entsteht das Wort *Befriedigung*. Und es ist nicht Ihr kleines Ego, das da spricht, sondern die Gewissheit, dass Sie gute Arbeit geleistet haben. Ihr bewusstes Denken konzentriert sich jetzt ganz auf Ihren Beitrag zum Gemeinwohl und auf das Wohlergehen der jungen Menschen, die die Schule besuchen, in der Sie arbeiten.

Nun haben Sie sich voll und ganz zurückgenommen. Ihr Leiden hat ein Ende.

Beispiel 3: Im Alter von 83 Jahren

Erste Phase

Sie leben allein. Ihre Kinder und Enkelkinder haben nie Zeit für Sie. Das ist dem modernen Leben geschuldet, dem Bedürfnis, mehr und immer mehr zu haben. Hin und wieder rufen sie an oder schicken Ihnen eine E-Mail, in der steht, dass sie Sie lieben und an Sie denken. Und auch Sie reden sich das jedes Mal wieder ein. Der Grüblerich gibt sich versöhnlich: »Das ist doch normal. Sie müssen für ihren Lebensunterhalt sorgen. Der Flachbildschirm muss bezahlt werden, ebenso wie das Ferienhäuschen in der Provence und die Reisen nach Asien. Heutzutage ist ja alles so teuer!«

Doch im nächsten Moment fährt er fort: »Und ich? Was bleibt mir denn noch? Ich bin zu nichts mehr nütze. Meine Familie braucht meinen Rat und meine Erfahrung nicht mehr. Mit mir ist es vorbei. Das Leben lohnt die Mühe nicht mehr ...«

Ihr Ego steckt in einer tiefen Depression. Es hat seine Identität verloren, kann sich an nichts mehr festhalten. Die Rollen als Elternteil, als Großelternteil und als Ehepartner sind ihm abhandengekommen. Alles hat sich aufgelöst. Ihr Ego fühlt sich, als sei es schon tot. Und je länger es diese Gedanken wälzt, desto unglücklicher wird es.

Zweite Phase

Zum Glück haben Sie vor drei Jahren mit Übungen begonnen, um sich selbst zurückzunehmen. Und auch nun setzt wieder der Moment des Erkennens ein. Wie ein Funke blitzt es in Ihrem Denken auf: »Hoppla, da macht mein Ego aber wieder mächtig Lärm! Es rennt und strampelt sich ab und schlägt ordentlich Alarm in meinem Kopf. Da drin geht es ja zu wie in einer Diskothek!« Sie wissen, dass Sie jetzt die Aufmerksamkeit auf Ihre Atmung richten sollten (oder auf das Licht, das durch das Fenster hereinfällt), doch das ist leichter gesagt als getan. So schnell gibt sich Ihr Ego nicht geschlagen! Im Gegenteil, es bäumt sich noch einmal auf: »Wenn es heute noch so wäre wie vor hundert Jahren! Dann würde ich im Kreise meiner Familie leben, umgeben von Liebe und Zuneigung. Ich habe alles geopfert, und der Undank meiner Kinder ist mein Lohn.« Glücklicherweise sind Sie so geübt, dass sich das bewusste Denken nicht verdrängen lässt. Mit geschärften Sinnen, ähnlich einem Waldläufer auf der Pirsch, beobachtet es den Hamster in seinem Rad: »Heute ist das Tierchen aber besonders aufgeregt! Es rennt und tobt, das kleine Ego, und hofft, wenigstens ein bisschen Aufmerksamkeit zu erhaschen. So viel Wirbel, und alles vergebens. Niemand sieht ihm zu, niemand hört ihm zu, niemand versteht es.«

Dritte Phase
Die Aufmerksamkeit, die Sie auf Ihre Atmung (oder das Licht, das durch das Fenster hereinfällt) gerichtet haben, verwandelt sich in bewusstes Denken. Der Grüblerich wird langsamer. Das bewusste Denken breitet sich in Ihrem Innern immer weiter aus. Sie atmen ein und spüren, wie die Luft durch Ihre Nase streicht. Auf einmal hören Sie Musik. Eine Kantate von Bach, die Sie über alles lieben. Der Lärm des Grüblerichs war so laut, dass er die Musik übertönt hat. Nun nimmt der Klang wieder seinen Platz ein und umschmeichelt Ihre Gehirnzellen. Sie hatten grünen Tee zubereitet und führen jetzt die Tasse an die Lippen. Sie schließen die Augen und genießen Ihr Lieblings-

getränk in vollen Zügen. Wohlbefinden durchströmt Sie. Sie haben sich nun voll und ganz zurückgenommen. Sie sind nur noch Bewusstsein, voll entfaltetes Bewusstsein.

Beispiel 4: Der Autor dieses Buches

Nun möchte ich Ihnen eine Übung vorstellen, die ich seit mehreren Jahren praktiziere. Ich möchte sie Ihnen erläutern, weil ich aus Erfahrung weiß, dass sie ihre Wirkung nie verfehlt. Regelmäßig erlebe ich ihre wohltuenden Folgen: den Zustand inneren Friedens, der sich, selbst in stürmischsten Zeiten, innerhalb weniger Momente herstellen lässt. Sie brauchen nur vom ichbezogenen zum bewussten Denken überzugehen. Das ist alles, und doch habe ich mehrere Jahre Übung gebraucht, um diesen Moment der Erkenntnis herbeizuführen, diesen Funken im Bewusstsein auszulösen, der es uns erlaubt, uns selbst zurückzunehmen. Manche Menschen erlangen diese Fähigkeit schneller – ich wünsche Ihnen, dass Sie dazugehören! Für mich jedoch war es ein langer Weg des Lernens. Sie müssen sich allerdings darüber im Klaren sein, dass dieser Prozess des Lernens und Übens nie endgültig abgeschlossen sein wird, denn unser liebes Ich lässt nicht locker: Es klammert sich an seine Macht, schlägt seine Krallen in unser Bewusstsein und versucht, es an sich zu reißen. Doch sobald Sie damit begonnen haben, nach dem Zustand des voll entfalteten Bewusstseins zu streben, ist Ihr Hamster nicht mehr der Einzige, der Kommandos erteilt: Kaum hat der Grüblerich Ihre Gedanken besetzt, stürmt auch schon die Kavallerie Ihres Bewusstseins herbei.

Damit Sie genau verstehen, wie die Übung abläuft, beschreibe ich sie Schritt für Schritt.

Erste Phase

Oft finde ich mich in folgender Situation wieder: Ich bin gerade aufgewacht und fühle mich nicht wohl, eine diffuse Angst hält mich gefangen. Dabei habe ich doch eben erst die Augen geöffnet und noch keinen Mucks gemacht. Obwohl ich noch im Bett liege, verspüre ich schon eine Last auf mir, eine Enge in der Brust. Zwar weiß ich, dass der Grüblerich niemals schläft – einen Teil der zurückliegenden Nacht hat er sogar in seinem Laufrad verbracht –, doch mir ist noch nicht bewusst, dass ich mich wegen ihm und seinen Grübeleien so fühle. Das wird mir erst klar, als ich beschließe (oder vielmehr mein bewusstes Denken das für mich beschließt), meine morgendlichen Übungen zu machen.

Zweite Phase

Wie jeden Morgen seit vielen Jahren beginne ich mit meiner Übung. Das unangenehme Gefühl – die Enge in der Brust – ist noch immer da. Es widerstrebt mir, die Übung zu machen. Wie ein Kind maule ich innerlich: »Keine Lust!« Aber zum Glück ist die Disziplin zur Stelle – also los!

Ich lege mich auf den Rücken, halte den Kopf gerade und strecke die Arme parallel zum Oberkörper aus. Die Handflächen zeigen nach oben. Im Yoga heißt diese Haltung auch Totenstellung. Ich richte die Aufmerksamkeit auf meinen Atem. Plötzlich wird mir klar, wie aktiv der Grüblerich ist, und ich höre seine Klagen: »Heute habe ich überhaupt keine Lust aufzustehen! Draußen ist es bestimmt eiskalt. Es hat die ganze Nacht geschneit, das gibt Chaos auf den Straßen. Und dieser Vortrag, den ich halten muss, der liegt mir ganz schön im Magen. Das geht garantiert daneben. Ein Publikum, das fast nur aus Männern besteht, schlimmer geht's kaum.« Ich konzentriere mich wieder auf das Ein- und Ausatmen und auf die

Empfindungen in meinem Körper, etwa die Art und Weise, wie mein Rücken sich an die Matratze schmiegt oder wie mein Kopf auf dem Kissen ruht. Allmählich löst sich das ich-bezogene Denken auf, der Griff, in dem es mein Nervensystem hält, lässt nach und mein Bewusstsein ist nur noch auf die körperlichen Empfindungen gerichtet. Nach und nach verschwindet die Angst, und Frieden erfüllt mich. Nun bestimmt nicht mehr mein kleines, bemitleidenswertes Ich meinen Zustand. Der Grüblerich – dieses Ego, das, noch bevor ich überhaupt aufgestanden bin, in Panik verfallen ist, es könnte nicht die Aufmerksamkeit erhalten, die es zu verdienen glaubt – verschwindet. Übrig bleibt nur das Bewusstsein, das nun frei und selbstbestimmt handeln kann, ohne von ichbeladenen Gedanken gelenkt zu werden.

Dritte Phase

Das bewusste Denken beherrscht nun allein die Szene. Meine geistige Aktivität konzentriert sich ganz auf meine Sinneswahrnehmungen: den Atem, die kuschelige Decke, die Stille im Raum. Meine Gedanken, die nunmehr vom Ich befreit sind, nehmen ihren Lauf: von der Organisation des Vortrags über die Anfahrt zum Veranstaltungsort bis zum Ablauf meines Beitrags. Schritt für Schritt gehe ich alles noch einmal durch. Die Gliederung meines Vortrags steht mir vollständig und klar vor Augen, und er wirkt überzeugend. Ich habe sogar ein paar Scherze eingebaut. Nun habe ich mich voll und ganz zurückgenommen. Jetzt aber los! Aus den Federn, Serge! Zuerst ist die Gymnastik dran: Dehnübungen, Rumpfbeugen und eine kurze Tour auf dem Hometrainer (der nie ein Ziel erreicht, wie der Hamster in seinem Rad!). All das vollzieht sich in vollkommener innerer Ruhe. Das kleine, nervige Ego schweigt. Übrig bleiben nur das Gespür für den Körper sowie einige Gedanken, die sich frei vom Zugriff des Ich entfalten können.

Und wie fühlen *Sie* sich? Jetzt, in diesem Augenblick, in dem Sie diese Worte lesen?

Machen Sie es sich bewusst und fangen Sie unverzüglich mit der Übung an. Warten Sie nicht, bis Sie einmal Zeit dafür haben. Ihr liebes Ich, das andauernd nach persönlicher Entwicklung und individuellem Erfolg strebt und nichts anderes im Sinn hat, als Sie zu quälen, findet für sein Treiben ja auch immer Zeit.

Nun soll es also um Sie gehen.

3
Wie man sich zurücknimmt – Schritt für Schritt

Wenn ihr euch eure Gedanken bewusst macht, werdet ihr über-
rascht sein, was alles in eurem Innern geschieht. Und wenn ihr
alles aufschreibt, was euch durch den Kopf geht, werdet ihr noch
überraschter sein. Ihr werdet es nicht glauben.

Osho

Bevor wir fortfahren, müssen wir überprüfen, ob der Grüblerich jetzt, in diesem Augenblick, in Ihrem Hirn herum-
saust. Hören Sie genau hin: Ist da vielleicht ein Geräusch zu
vernehmen?

Erste Phase: Genau hinhören und den Lärm des Hamsters erkennen

Ist Ihr Kopf voll von Sätzen wie den folgenden?
    Wovon redet er bloß? Wo will er denn hin mit seinem Lauf-
rad? Für wen hält er sich eigentlich? Was für ein Angeber!
Und was soll der Blödsinn, von wegen sich selbst zurücknehmen? Wie soll man denn ohne Ego leben? Man braucht doch
wohl ein Ego, verdammt noch mal! Was wäre ich denn ohne
mich selbst? Mein Körper, meine persönliche Geschichte,
meine Kultur, meine Sprache, mein Alter, mein Geschlecht,
meine Nationalität – all das macht mich doch aus! Wie soll
man das denn einfach so zum Verschwinden bringen? Und

weshalb? Warum sollte ich nicht mehr einzigartig sein? Sollten wir uns nicht vielmehr bemühen, unsere Einzigartigkeit zu betonen und zu bewahren? Ich jedenfalls werde weiterhin für meine persönliche Entwicklung kämpfen! Und dieser Quacksalber soll sich zum Teufel scheren!

Hören Sie diesen Lärm? Sehen Sie, wie sich das Rad dreht?

Merken Sie, wie Sie laufend Urteile fällen und ein grüblerischer Gedanke auf den anderen folgt? Treffen Sie zunächst in aller Ruhe folgende Feststellung: »In diesem Kopf wimmelt es ja nur so von Urteilen!« Innerhalb kürzester Zeit erleben Sie den Unterschied zwischen einem Bewusstsein, das geprägt ist von Gedanken wie zum Beispiel »Was soll der Blödsinn?« oder »Für wen hält er sich eigentlich?«, und einem Bewusstsein, das sich sagt: »Was für ein wildes Toben! Aber wohin soll das führen?« Es geht dabei nicht darum, ob Sie Ihre Einzigartigkeit behalten oder verlieren, sondern darum, Ihren inneren Monolog zu verfolgen und sich selbst sowie die Grübeleien zu beobachten, die aus der Furcht erwachsen, nicht weiterzuexistieren.

Wenn Sie dazu in der Lage sind – bravo! Dann haben Sie den ersten Schritt geschafft.

Wenn aber das Dröhnen in Ihrem Kopf nicht aufhört, wenn es Ihnen einfach nicht gelingen will, auch nur ein bisschen Distanz zu dem Spektakel herzustellen, das der Grüblerich veranstaltet, und Sie nur noch eines wollen, nämlich mich in die Wüste zu schicken – dann haben Sie bitte noch etwas Geduld. Die folgenden Seiten werden Sie Hoffnung schöpfen lassen.

Zweite Phase: Genau hinsehen, damit das Ego nicht mehr seine Nase in alles steckt

Wollen Sie noch immer lernen, den Grüblerich zu bändigen? Gut!

Damit Ihnen das gelingt, müssen Sie sich zunächst eine entscheidende Tatsache klarmachen: Sie sind kein Hamster! Anders gesagt: Hören Sie auf, sich mit Ihrem Hamster zu identifizieren. Das ist weitaus leichter, als Sie glauben.

Ich hoffe, Sie haben mittlerweile erkannt, dass es der Grüblerich ist, der diese Dummheiten von sich gibt. Haben Sie bemerkt, dass sie sich verflüchtigen, sobald er den Mund hält und Ruhe eingekehrt ist? Doch Dummheiten hin oder her – um inneren Frieden zu finden, müssen Sie zunächst den Höllenlärm registrieren, den der unsichtbare Nager in Ihrem Gehirn verursacht. Damit Sie dazu in der Lage sind, müssen Sie sich selbst aus einer gewissen Distanz beobachten, um dann feststellen zu können: »Es stimmt, dieser Lärm ist wirklich da, hier in meinem Kopf. Er kommt von diesem Tierchen, das einfach keine Ruhe gibt ... Ich kann dich laut und deutlich hören, du kleines Miststück!« Wenn Ihnen in Ihrem Bewusstsein dieser kleine Schritt zur Seite gelingt – und zwar nicht in einer Woche oder einem Jahr, sondern auf der Stelle –, dann sind Sie ein großes Stück weiter. Und diesen Schritt brauchen Sie auch nicht im Lauftempo zu machen!

Der nächste Schritt besteht darin, in diesem Zustand des Beobachtens zu verweilen. Versuchen Sie sich das Treiben des Grüblerichs so lebhaft und deutlich wie möglich vor Augen zu führen, damit nicht das Laufrad wieder die Oberhand über Ihr Bewusstsein gewinnt. Das ist die ersten Male nicht ganz leicht. Eine einzige Umdrehung des Rades genügt, und schon übernimmt der Grüblerich wieder das Kommando. Zum Beispiel im Büro vor dem Kaffeeautomaten. Sie begegnen dem Blick eines Kollegen, und in Nullkommanichts fängt der Grüblerich wieder an zu rennen: »Was geht mir dieser Kerl mit seiner besserwisserischen Art auf die Nerven!« Oder bei der Geburtstagsfeier Ihrer besten Freundin: »Wie schön sie ist in ihrem kurzen, schwarzen Kleid! Und wie sehe ich dagegen aus in diesem alten Fetzen!« Im Handumdrehen überfluten die Grübeleien Ihre Gedanken. Und wenn Sie nicht achtgeben, sind Sie im Nu in einem Hamsterkäfig gefangen, zerrissen zwischen Ängsten und Schuldgefühlen, zwischen Niedergeschlagenheit und Aggressivität.

Wenn Sie einen kühlen Kopf bewahren wollen, müssen Sie lernen, das Tierchen zu beobachten, das dort sein Unwesen treibt, und zuzusehen, wie es kreuz und quer herumrast, ohne sich selbst von seiner Raserei anstecken zu lassen. Hierfür gibt es ein unfehlbares Mittel: *Atmen Sie durch die Nase!*

Dritte Phase: Durch die Nase atmen

»Durch die Nase atmen!« Diesen gut gemeinten Rat, der dem gesunden Menschenverstand entspringt, hat jeder von uns schon einmal gehört. Kein anderes Element dieser Übung ist von so hoher Wichtigkeit; außerdem verfehlt es niemals seine Wirkung. Der Grüblerich glaubt sich über dergleichen freilich erhaben. Als könnte ihn etwas so Banales wie die Konzentration auf die Atmung bremsen, ihn, den unerreichten Großmeister des Laufrads!

Gleichwohl ist die Atmung entscheidend. Versuchen Sie die Luft zu spüren, sie wirklich zu spüren, wie sie durch die Nase strömt und die Lunge füllt. Ihr Bewusstsein ist dabei nur auf dieses Erlebnis gerichtet und auf nichts anderes. Doch sehen Sie sich vor: Dem Grüblerich schmeckt es gar nicht, einfach so verdrängt zu werden, und er wird nur umso heftiger wieder loslegen ...

Um ihn zum Schweigen zu bringen, ist in jedem Moment höchste Aufmerksamkeit erforderlich. Ein Lächeln kann dabei helfen. »Sieh an, es geht schon wieder los. Schon wieder lauter Grübeleien!« Wenn Sie den Grübeleien auf diese Weise begegnen, rauben Sie ihnen die Wirkung, sie verlieren ihre Macht und lösen sich allmählich in nichts auf. Das gesamte Geschwätz in Ihrem Innern ist mit einem Schlag pulverisiert. Nur Ihr Bewusstsein ist noch übrig, eine geistige Aktivität ohne das Ich. Zu beobachten, wie das eitle Ego durchdreht, aber nicht mehr darunter zu leiden – das ist eine außergewöhnliche Erfahrung.

Wenn Sie es geschafft haben, Ihre Aufmerksamkeit ganz auf den Atem zu richten und das Gegrübel zu beobachten, dann ist das, als hätten Sie das ichbezogene Denken ausgesteckt und stattdessen das bewusste Denken an Ihr Gehirn angeschlossen.

Erfreuliche Ergebnisse

Sehen wir uns ein weiteres Beispiel an, wieder eine eigentlich harmlose Situation. Kein Drama, aber die Art von Ereignis, die Ihnen den Alltag vermiest.

Sie stehen im Supermarkt an der Kasse. Als Sie an der Reihe sind, kommt der Filialleiter, um den Kassenstand festzustellen. Damit nicht genug, der Kunde vor Ihnen zückt ein Bündel Rabattmarken, die er einlösen will, und weigert sich, die Preise zu bezahlen, mit denen die Waren ausgezeichnet sind. Der Gipfel ist erreicht, als Sie endlich dran sind und der Scanner den Geist aufgibt. Jetzt reicht's aber! Der Grüblerich feuert seine Lieblingssätze ab: »Warum passiert so was immer nur mir? *Warum immer nur mir?* Als hätte sich die Welt gegen mich verschworen! Was für ein elendes Leben! Na ja, wenn man einen IQ wie diese Kassiererin hat ... Und der Typ mit seinen Zettelchen, ausgerechnet dann, wenn am meisten los ist! Der hat wohl nichts Besseres zu tun, als dem Rest der Welt auf die Nerven zu gehen! Und dann noch dieses elektronische Ding – die gehen doch angeblich nie kaputt, oder?«

Ist Ihnen aufgefallen, dass jeder dieser Sätze um ein »Ich« kreist? Ich, König Kunde, bin der Bedeutendste und stehe über allen anderen. Ich, der Einzigartige, der nicht warten kann. Was haben diese Gedanken zur Folge? Die Spannung in Ihrem Innern steigt, Nervosität und Wut breiten sich aus, kurz: Ihre Ich-Maschinerie setzt sich lärmend in Gang.

In genau diesem Augenblick – oder kurz vorher, wenn Sie schon etwas geübter sind – sollte der rettende Moment des Erkennens einsetzen. Atmen Sie durch die Nase und lenken Sie Ihre Aufmerksamkeit gezielt auf Ihr Inneres: »Der Grüblerich dreht in seinem Rad schon wieder buchstäblich durch. Also dann: atmen ...«

So können Sie mit einem Mal den Lauf des Tierchens anhalten und wieder Mensch werden. Ich bitte Sie inständig: Lesen Sie meine Ratschläge nicht nur, sondern setzen Sie sie auch in die Tat um. Jetzt gleich! Und vor allem: Bedanken Sie sich nicht bei mir, auch wenn es funktionieren sollte.

Falls Sie noch zweifeln, ob Ihnen dieses Vorgehen etwas bringt, dann stellen Sie sich Ihr Ego wie einen Parasiten in Ihrem Denken vor. Betrachten Sie es wie einen Blutsauger, den Sie loswerden wollen. Lästiges Ungeziefer! Wollen Sie wirklich weiterhin mit ihm leben?

Ebenso gut können Sie sich vorstellen, dass der Grüblerich Läuse hat. Ekelhaft, nicht wahr? Und wie das juckt ... Wenn Sie Ihrem süßen, kleinen Hamster lange genug zugesehen haben, wie er sich bis aufs Blut kratzt, und Sie die Nase gestrichen voll vom Leiden haben, werden Sie Ihre Aufmerksamkeit endlich auf die Dinge richten, die das Leben lebenswert machen: das sinnliche Licht eines Spätnachmittags, der betörende Tanz der Regentropfen auf den Dächern, der Goldstaub auf den Baumstämmen in der Morgendämmerung und tausend andere Kleinigkeiten, die Ihnen die Welt zu bieten hat, wenn sie nicht vom Ego verseucht ist.

Und wenn Sie in der Lage sind, die ganze Schönheit der Welt zu genießen, wird auch der Hamster, dieser Quälgeist, der immer nur »Ich, ich, ich, ich ...« geschrien hat, endlich Ruhe geben. Wenn Sie sich aus seiner Umklammerung befreit haben, werden Sie nicht länger das krankhafte Bedürfnis danach verspüren, dass man Sie wertschätzt, beachtet, liebt, anerkennt, Ihnen Aufmerksamkeit schenkt und Ihnen versichert, dass Sie schön, geistreich oder intelligent sind. Sie werden nicht mehr um jeden Preis Ihre Meinung durchsetzen wollen. Es wird Sie nicht mehr kümmern, ob Ihr Lieblingsverein gewonnen oder verloren hat, oder ob die Partei, für die Sie gestimmt haben, die Mehrheit erzielt hat oder nicht. Sie werden Ihr Glück nicht mehr von einer Beförderung, einer Ernennung oder einer Gehaltserhöhung abhängig machen. Sie werden sich von der Gewissheit leiten lassen, dass nichts im Leben von Dauer ist. Die meisten Probleme, mit denen Sie sich heute herumschlagen, werden nur noch Banalitäten und Lappalien sein. Selbst der Gedanke an den Tod wird Sie nicht mehr beunruhigen, denn der Grüblerich, der davon regelrecht besessen war, ist ja nicht mehr da.

In diesem Zustand werden Sie nur noch Gedanken haben, die einem ganz bestimmten Zweck dienen: Ihnen das Leben zu erleichtern. Gleich einem Armaturenbrett werden diese Gedanken Ihnen anzeigen, was Ihnen guttut und was nicht, und Ihnen für ernsthafte Probleme echte Lösungswege aufzeigen. Ihr Denken wird nicht mehr vom Nagen des Ego zermürbt sein, sondern **Ihr Geist wird frei und ungebunden sein.** Bei einem Rohrbruch im Bad dröhnt es in Ihrem Kopf dann nicht mehr: »Warum zum Teufel passiert so was immer nur mir?«, sondern Sie werden sich sagen: »Halb so schlimm. Ich frage mal den Sowieso, der kann mir bestimmt helfen ...«

Wenn Ihre Gedanken aus dem Klammergriff des Ego befreit sind, werden sie Ihnen nie wieder Leid verursachen. Sie werden Sie vielmehr dabei unterstützen, sich selbst zurückzunehmen, sodass Ihr liebes Ego nicht immer seine Nase in alles steckt, sondern seinen Platz für das voll entfaltete Bewusstsein räumt, so wie man im Bus seinen Platz einem älteren Fahrgast überlässt.

///

Finden Sie den Grüblerich, den kleinen Schmarotzer!

Das war jetzt ein hartes Stück Arbeit! Zeit für eine kurze Pause. Zur Auflockerung hier ein paar einfache Fragen, anhand derer Sie Ihre neu gewonnenen Erkenntnisse überprüfen können.

Entdecken Sie die Grübeleien, die sich in die folgenden Sätze eingeschlichen haben?

1. a) »Verdammt, es ist schon Viertel vor sechs, und bis spätestens 18:00 Uhr muss ich diese DVD zurückgegeben haben. Also nichts wie los!«

   b) »Jetzt in die Videothek zu gehen, hat mir gerade noch gefehlt! Als hätte ich sonst nichts zu tun! Außerdem haben die anderen

Bewohner dieses Hauses den Film auch gesehen. Warum muss immer ich mich um alles kümmern?«

2. a) »Bei der nächsten Ausfahrt muss ich raus.«

   b) »Jetzt mach schon! Versperr mir nicht den Weg! Mach Platz für die, die fahren können!«

3. a) »Am besten räume ich die Einfahrt jetzt gleich, bevor der Schnee sich festtritt.«

   b) »Was für ein elendes Kaff! Wie konnten wir nur hierher-ziehen!«

4. a) »Aus dir wird nie ein Klempner!«

   b) »Ich habe dir schon hundert Mal gesagt, du sollst dieses Rohr reparieren. Nie hörst du mir zu!«

Sie haben es sicher bemerkt: Nummer 4 ist eine Falle. Das Ego spricht hier aus jedem einzelnen Wort. Aber wenn Sie bei Nummer 1 bis 3 jeweils b) angekreuzt haben, haben Sie verstanden, worum es geht. Glückwunsch!

Halten Sie sich stets vor Augen, dass der Grüblerich nur ein Ziel hat: Er will das Rennen gewinnen!

Ich will Ihnen ein Beispiel geben. Stellen Sie sich vor, wie zwei Freunde, die unterschiedliche Anschauungen haben, über Politik diskutieren. Es fängt ganz harmlos an:

»Ich glaube, die Demokraten werden die Welt verändern!«

»Im Ernst? Das sind doch Träumer, die den Kopf in den Wolken haben. Die reden viel und machen wenig.«

»Kennst du ihr Programm? Es beschäftigt sich mit den tatsächlichen Problemen und ist stark auf die Wirtschaft ausgerichtet. Sie machen detaillierte Vorschläge; das kannst du alles im Internet nachlesen. Ich überlege sogar, sie zu unterstützen. Als Freiwilliger!«

»Jetzt bist du völlig durchgedreht! Damit verschwendest du doch nur deine Zeit. Diese Leute sind Idealisten, die jeden Bezug zur

Wirklichkeit verloren haben. Glaub mir, wir müssen die bewährten Methoden anwenden und uns von den Schmarotzern befreien. Ohne Rücksicht auf Verluste!«

Haben Sie verfolgt, wie hier das Ego jeden einzelnen Gedanken dominiert? Jeder der beiden verteidigt seine Ansicht, als ginge es um Leib und Leben! Auch der Körper zeigt entsprechende Anzeichen: Das Herz schlägt schneller und der Kopf wird heiß, als müsste man einen Angriff abwehren. Dabei handelt es sich nur um Meinungen, um bloße Wörter!

Wie lässt sich das vermeiden? Indem Sie erkennen, dass Sie – anders, als Sie häufig glauben – nicht mit Ihrer Meinung identisch sind. Selbst wenn Sie recht haben: Sie *sind* nicht Ihre Meinung. Geht das in Ihr liebes Gehirn, das sich für so brillant hält?

Nehmen Sie sich fünf Minuten Zeit. Legen Sie Ihre Uhr vor sich und stellen Sie sich immer wieder folgende Frage: »Bin ich meine Meinung?« Antworten Sie jedes Mal ganz ehrlich. »Bin ich meine Meinung? ... Bin ich meine Meinung? ...« Wenn Sie auch nur einmal mit Ja antworten, ist Ihr Dasein voll und ganz vom Lauf eines winzigen Hamsters in Ihrem Kopf bestimmt. Und einen Tierarzt zu finden, der Sie von diesem kleinen Nager befreit, ist nicht leicht, das kann ich Ihnen versichern ...

Was aber, wenn Ihr Grüblerich sich dem Hamster eines anderen gegenübersieht und beide sich Grübeleien an den Kopf werfen, ohne auch nur eine Sekunde lang darüber nachzudenken, was sie da tun?

Ganz einfach: Lassen Sie Ihre Intelligenz walten!

Manche Hamster hämmern in ihrer Verzweiflung mit den Fäusten gegen den Schädel des anderen, um dort das Laufrad zum Stillstand zu bringen. Zufälligerweise ist dieser andere oft der Ehegatte, das eigene Kind oder jemand, der eine abweichende Meinung vertritt. Im Extremfall werfen diese aggressiven Hamster Bomben auf

Tausende anderer Hamster, die nicht denselben Gott verehren oder nicht dieselbe Sprache sprechen wie sie.

Alles kommt darauf an, den entscheidenden Moment zu treffen, den Moment der Hellsichtigkeit, der Bewusstheit. Allerdings gibt es kaum etwas Schwierigeres, als eben diesen Moment zu fassen. In diesem Augenblick manifestiert sich die wahrhafte Intelligenz, nicht diejenige, mit deren Hilfe wir hoch komplizierte Maschinen bauen, sondern diejenige, die den Grüblerich schnappt, wenn er in sein Laufrad steigt. Die wahrhafte Intelligenz äußert sich dabei so: »Hoppla! Der Grüblerich ist wieder in sein Karussell geklettert und auch schon losgelaufen. Deshalb klingt es jetzt in meinem Kopf so: ›Nur ein Idiot kann etwas anderes als die Demokraten wählen ... Aber das wird er nie kapieren ... Kein Wunder, bei dem Spatzenhirn ...‹«

Die Form der Intelligenz, von der ich hier spreche, besteht darin, die Entstehung solcher Äußerungen zu beobachten, sowohl im eigenen Denken als auch in dem des Gesprächspartners, und Mitgefühl für beide Hamster zu empfinden. Sie drückt sich ferner darin aus, dass man diesem Treiben zusieht, ohne Urteile zu fällen, und sich einfach dafür entscheidet, sich nicht ins Getümmel zu stürzen.

Wenn Sie also das nächste Mal in eine Diskussion geraten, die eine gefährliche Wendung zu nehmen droht, reagieren Sie hoffentlich wie folgt: »Holla, das ist hier ja ein richtiges Hamsterrennen! Wessen Rad sich am schnellsten dreht oder wer am meisten Krach macht! Dabei führt das doch zu nichts! Was versprechen wir uns davon? Wozu das alles? Wir sind doch keine Hamster ... Und er ist doch auch mein Freund. Nein – er ist *vor allem* mein Freund.«

Wenn es Ihnen schwerfällt, aus diesem Teufelskreis auszubrechen, und Sie feststellen, dass Sie sich immer nur im Kreis drehen: Schreiben Sie alles auf, was Ihnen durch den Kopf geht, ohne Vorbehalt. Wirklich alles. Gehen Sie anschließend spazieren, kochen Sie etwas oder essen Sie einen Apfel und richten Sie dabei Ihre gesamte

Aufmerksamkeit auf Ihre Bewegungen, auch auf die kleinsten: wie Ihre Füße den Boden berühren, wie Sie Gemüse schneiden, wie Sie den Apfel zum Mund führen und hineinbeißen ... Nach dieser kurzen Pause nehmen Sie das Blatt Papier wieder zur Hand, das Sie zuvor vollgekritzelt haben. Wenn Sie bei Verstand sind, werden Sie erkennen, wie weit Ihr Hamster Sie in Regionen gezerrt hat, die zu betreten völlig sinnlos ist.

//

4

Identifikation vermeiden

Habe ich jetzt, in diesem Moment, ein Problem?

Eckhart Tolle

Wenn der Grüblerich in Ihrem Kopf so viel Lärm macht, so liegt das an der Identifikation. Ohne diese gäbe es Ihr liebes kleines Ich gar nicht.

Der Grüblerich ist nicht vom Himmel gefallen und direkt in Ihrem Kopf gelandet. Er ist durch etwas anderes entstanden. Das geschah vor sehr, sehr langer Zeit, als das Leben in Gestalt eines fliegenden Fisches das Meer verließ. Nachdem er aus dem Wasser gesprungen war, fand sich dieser Fisch zum ersten Mal in seinem Leben auf dem Trockenen wieder. Völlig verwirrt suchte er sich so schnell wie möglich eine Pfütze und erklärte diese zu seinem Hoheitsgebiet. Während er nun in dieser Wasserlache lag und sich an den Kieselsteinen rieb, wuchsen ihm Beine und er verwandelte sich in ein Reptil. In dieser Zeit machte in seinem Gehirn ein kleiner Hamster zaghaft die ersten Schritte, denn ohne sich dessen bewusst zu sein, identifizierte sich der Fisch immer mehr mit *seiner* Pfütze, in der er überleben und durch die er sich von den anderen und deren Pfützen abgrenzen konnte.

Durch diesen seltsamen Vorgang der Identifikation ist der Grüblerich eins geworden mit dem, was er besitzt. Anfangs war das nur eine bescheidene Pfütze, heute sind es sein Haus, seine Stadt, seine Nation, sein Garten, seine Katze, seine Religion, sein Wissen, seine Gedanken, seine Meinungen, seine

Äußerungen, seine Urteile, seine Brille, seine Krawatte (vor allem die mit dem Micky-Maus-Muster) usw. Er fühlt sich nicht recht lebendig, wenn er keine Besitztümer hat, an denen er sich festhalten kann. Und natürlich ist entscheidend, dass die anderen dem Bild, das er abgibt, Aufmerksamkeit schenken. Ein Bild ist schließlich dazu da, bewundert zu werden, wozu denn sonst?

Doch auch ein perfektes Image wird es dem Grüblerich nicht erlauben, aus seinem Rad, einer modernen Version der Wasserpfütze, auszusteigen. Selbst wenn er drei Häuser, vier Autos, fünf Frauen und ein Boot besitzt, hockt der Hamster noch immer in seinem Rad. Auch Millionen auf dem Konto oder das neueste High-Tech-Spielzeug werden ihn niemals dazu bringen, dieses Rad zu verlassen. Wie viel auch immer er besitzt, nichts wird den Lauf seines Rades aufhalten. Im Gegenteil: Je mehr er besitzt, desto größer wird seine Angst, seinen Besitz zu verlieren. Falls Sie also plötzlich die Angst packt, Sie könnten etwas verloren haben, so ist es nur der Grüblerich, der in Fahrt kommt und die Panik auslöst, die Sie in den Wahnsinn treibt: »Mein Montblanc-Füller! Den muss mir jemand gestohlen haben! Er war das einzige Andenken an meinen Vater. Ich habe einen Teil meiner selbst verloren!«

Selbst auf die Gefahr hin, dass ich mich wiederhole: Die Lösung besteht auch hier in der Nutzung Ihres gesunden Menschenverstands. Wie würden Sie reagieren, wenn jemand auf die Frage »Wer sind Sie?« antworten würde: »Ich bin meine Nike-Schuhe, ich bin meine Apple Watch, ich bin mein Chanel-Kleid, ich bin meine Oakley-Brille, ich bin mein Audi TT, ich bin mein Chalet in Kitzbühel ...«, oder aber: »Ich bin meine schlecht geheizte Zweizimmerwohnung, ich bin meine löchrigen Quadratlatschen, ich bin mein Bad mit den undichten Rohren, ich bin mein kaputtes Auto, ich bin mein verrostetes Fahrrad ...«? Solche Antworten fänden Sie lächerlich, stimmt's? Mit dem Montblanc-Füller verhält es sich genauso. Wenn Sie unter solchen Dummheiten leiden, so liegt das daran, dass sich nichts geändert hat, seitdem der Fisch damals zum Reptil geworden ist und sich selbst mit der Pfütze verwechselt hat, in der er lag.

Rufen Sie sich all das in Erinnerung, wenn Sie sich das nächste Mal in einer solchen Pfütze wiederfinden. Fangen Sie den Grüblerich ab, bevor er in sein Rad steigen kann. Versuchen Sie, das zu einem Reflex werden zu lassen. Ihr Hamster wird unruhig, wenn er sich bedroht fühlt. Daraus ergibt sich folgende unleugbare Gleichung:

Keine Bedrohung = keine seelische Spannung = kein Stress!

Das Gefühl der Bedrohung kann die unterschiedlichsten Formen annehmen und jederzeit auftauchen, sei es im Büro oder im Restaurant: »Warum muss schon wieder ich bezahlen? Im Restaurant, im Kino, im Theater, überall. Warum zahlt *sie* denn niemals? Sie verdient doch auch! Ich bin nur dazu da, meinen Geldbeutel zu zücken.« Und schon ist das Laufrad in vollem Schwung.

Mit etwas Übung ist Ihr Bewusstsein in der Lage, Reaktionen des Ego als solche zu erkennen, sobald sie auftreten. Wenn die Rechnung auf dem Tisch liegt, können Sie beobachten, wie sich das Rädchen in Bewegung setzt und kurz darauf durchdreht: »Madame hat Foie gras bestellt! Und geräucherten Lachs! Als stünde ihr das alles zu ... Und nie höre ich ein Wort des Dankes. Ein paar Schuhe erfährt mehr Beachtung!« An dieser Stelle sollte Ihre Aufmerksamkeit wieder die Oberhand gewinnen: »Aha, es geht wieder los, das Tierchen spielt wieder verrückt. Es fühlt sich bedroht, das arme kleine Ding ...«

Wenn Ihr Bewusstsein trainiert ist, kann es den irre gewordenen Nager beobachten, dabei lächeln und auf eine gesunde Weise reagieren: »Schatz, ich möchte mit dir über etwas sprechen, was mich beschäftigt ... Ich fände es schön, wenn wir die Rechnung teilen würden.« Das Ich, das sich eben noch erniedrigt, verachtet und zurückgewiesen fühlte, kann jetzt ein Gespräch über das Teilen der Rechnung beginnen.

Ich glaube, Sie verstehen jetzt besser, worauf ich hinauswill. In solchen Situationen fühlt sich allein das Ego (Ihr Hamster) bedroht, nicht aber die Person, die Sie wirklich sind. Diese ist niemals bedroht.

Niemals! Aber was sind Sie eigentlich?

Außerdem macht uns die Identifikation mit der Pfütze auch nicht glücklicher. Im Gegenteil. Je größer die Wasserlache (unser Besitz) wird, desto größer wird auch das Ego. Mit anderen Worten: Je mehr man das, was man ist, mit dem gleichsetzt, was man hat, desto größer wird die Angst, zu verlieren, was man hat.

Mittlerweile ist aus der flachen Pfütze ein Ozean geworden, dessen Grund nicht mehr zu sehen ist. Daher rennt der Grüblerich wie verrückt. Darüber hinaus eignet er sich jeden Tag etwas Neues an, um sich unbesiegbar zu machen: Kenntnisse, Dinge, Menschen, Botox, Prothesen, Haare ... Er unternimmt alle erdenklichen Anstrengungen, um jung zu bleiben und so groß zu werden, dass von ihm, selbst wenn er verschwände, in jedem Fall noch ein kleines Stückchen übrig bliebe.

Doch bedauerlicherweise wird sich das Ego niemals vollständig oder ausreichend groß fühlen, um keine Angst mehr vor dem Verschwinden zu haben. Das Ego und die Angst sind für alle Zeiten unzertrennlich.

Solange es das Ego gibt, gibt es Angst.

5
Die Todsünden (in Zeitlupe)

Wenn man nicht vorwärtskommen will, folgt man am besten einer fixen Idee.

Jacques Prévert

Damit Ihnen noch deutlicher wird, wie der Vorgang der Identifikation dazu führt, dass das Ich sich zu Wort meldet und dadurch seelisches Leid entsteht, möchte ich weitere Beispiele aus dem Alltag anführen. Wir werden sie wieder »in Zeitlupe« betrachten, denn die Identifikation – das wissen Sie mittlerweile – vollzieht sich in Sekundenbruchteilen.

Das liebe Ich ist ein großer Anhänger der Identifikation. Je mehr Identitäten es hat, desto geringer ist die Wahrscheinlichkeit, dass es stirbt. Was passiert zum Beispiel, wenn es den Fernseher einschaltet und ein Fußballmatch oder ein anderes Spiel sieht? Selbst wenn es die Beteiligten nicht kennt, entscheidet es sich in kürzester Zeit für eine Seite und identifiziert sich mit ihr. In nur einem Augenblick hat der Grüblerich seiner Sammlung von Identitäten eine weitere hinzugefügt. Und wenn diese bedroht wird (etwa wenn er mit ansehen muss, wie seine Lieblingsmannschaft eine Niederlage erleidet), schaltet er einen Gang höher und ein Sturm körperlicher Reaktionen bricht los (in dem sich Stress, Frustration, Zorn etc. ausdrücken). Wenn Emotionen ins Spiel kommen, ist alles blockiert.

Als ich ein Kind war, hießen solche Emotionen – wie Neid, Eifersucht, Hochmut usw. – Todsünden. Uns wurde eingebläut, wir kämen in die Hölle, wenn wir eine dieser Sünden begingen. Was für eine Vorstellung! Es wäre weitaus klüger gewesen, uns zu erklären, dass die Hölle darin besteht, Neid, Eifersucht oder Hochmut zu *verspüren*, und uns dann Wege aus dieser Hölle zu zeigen. Dem Wissen jener Zeit mangelte es jedoch an der Fähigkeit zu differenzieren.

Beispiel 1: Ihr Nachbar

Erste Phase

Ihr Nachbar hat sich ein neues Auto gekauft. Ein sehr schönes Auto, das alle Blicke auf sich zieht. Sofort schaltet Ihr Grüblerich in den Vergleichsmodus: »Da sieht man's wieder: Die Autos von heute haben einfach nicht mehr die Klasse der Modelle von früher. Die werden doch alle in China gebaut. Weil da die Arbeit billig ist! Moderne Sklaverei ist das. Ich würde mir nie ein Auto kaufen ohne Rücksicht auf diejenigen, die dafür ausgebeutet werden. Außerdem wirst du schon sehen, mein Lieber: Schon die erste Panne wird dich teuer zu stehen kommen!« Ihr Ego, das sich mit Ihrem eigenen Auto identifiziert, erträgt nicht, dass jemand anderes einen tolleren Wagen hat. Ihr ganzer Körper steht unter Spannung. Würde ein Arzt Sie untersuchen, er würde Ihnen auf der Stelle Beruhigungsmittel verschreiben. Ihr Ego will immer mehr, der Grüblerich lässt nicht locker: »Mein nächstes Auto wird aus einem Land stammen, in dem die Menschenrechte respektiert werden. Und es wird die Umwelt nicht verschmutzen!«

Zweite Phase

Jetzt sind Sie am Zug. Das bewusste Denken schaltet sich ein: »Na so was, jetzt verwechsle ich mich doch glatt mit meinem

Auto. Der Grüblerich macht mich mit dem neuen Wagen meines Nachbarn ganz verrückt. Eine Nichtigkeit – und ich leide wie ein Hund!«

Dritte Phase
Sie setzen sich und beobachten, was in Ihnen vorgeht, in Ihrem Geist und in Ihrem Körper. Sie richten die Aufmerksamkeit auf Ihre Sinne und sehen die Grübeleien vorüberziehen. Sie erkennen, wie lächerlich Ihr Verhalten ist: Sie sind doch nicht Ihr Auto! Auf Ihren Lippen macht sich ein Lächeln breit. Sie haben sich voll und ganz zurückgenommen, der Neid ist verpufft – und mit ihm der Frust.

Beispiel 2: In der Buchhandlung

Erste Phase
Ich stehe in einer Buchhandlung und blättere in einem Buch von Christian Bobin. Unverhofft stoße ich auf folgendes Kleinod: »Die Demut ist der Schlüssel zu allem. Glaubt man sie zu besitzen, verschwindet sie.«[2] Was für ein Satz! Sofort nimmt der Grüblerich Fahrt auf: »Warum kann *ich* nicht so schreiben? Warum kommen manche Leute talentiert auf die Welt, während andere sich abrackern, ohne jemals etwas von Bedeutung zu schaffen? Warum kann *er* so was? Und ich nicht?« Im Handumdrehen überlagert in meinem Kopf das Rasen des Grüblerichs die tiefe Schönheit des Satzes von Bobin. Neid und Eifersucht machen sich überall in meinem Körper bemerkbar.

---

[2] Christian Bobin: *Autoportrait au radiateur.* Paris: Éditions Gallimard 1997, S. 68.

Zweite Phase

Der Moment des Erkennens. Ich fühle mich nicht gut. Vor einer Minute war das noch anders. Was ist passiert? Ah, mein liebes kleines Ego leidet! Es beschwert sich und verhindert damit, dass ich mich begeistern lasse. Ich kann weder neue Entdeckungen machen noch die Schönheit der menschlichen Schöpfungskraft bewundern. Ich will mich ein wenig zurücknehmen.

Dritte Phase

Ich stehe inmitten der Regale und schließe die Augen. Dann richte ich meine ganze Aufmerksamkeit auf den Satz von Bobin und lese ihn wieder und wieder, um ihn mir einzuprägen. Ich genieße seine Musikalität und die Tiefe seiner Aussage. Nach einer Weile ist mein Geist ganz von ihm erfüllt. Der Übergang vom ichbezogenen Denken zum bewussten Denken verläuft sanft. Der Neid verschwindet. Ich habe mich zurückgenommen. Übrig bleibt nur noch der Satz, der in mir klingt und dessen Lehre ich in mir aufnehme.

Beispiel 3: Der Arzt

Wenn mich heute jemand fragt, ob ich Arzt bin, so entgegne ich, dass ich Medizin studiert und praktiziert habe und sie noch immer praktiziere. Mit dieser Antwort ernte ich stets Verwunderung. Dabei ist sie unvollständig. Die exakte Antwort wäre etwas versponnener und frei von jeder Form von Identifikation, etwa so: »Das Gehirn, das Sie vor sich haben, hat Medizin studiert. Es hat sich Kenntnisse angeeignet, die größtenteils objektiv sind und aus Forschungen (Beobachtungen und Assoziationen) hervorgegangen sind, die zahllose andere Gehirne im Verlauf von Jahrhunderten geleistet haben. Nicht mein Ich bringt Wissen hervor oder sammelt es an, sondern die Gehirnzellen. Und Gehirnzellen besitzen keine Identität. Es sind einfach nur Gehirnzellen, Punkt.« Stellen Sie sich vor, welche Miene der Fragende zieht, vor allem, wenn ich fortfahre: »Ferner hat dieses Gehirn, das auf Ihre Frage antwortet, diese Kenntnisse angewendet und hierbei Erfahrungen gesammelt. Es hat eine Fähigkeit entwickelt, die man als klinische Intuition bezeichnen könnte, sowie die feste Absicht, bestimmten Krankheiten vorzubeugen, an denen die Menschen grundlos leiden.«

Natürlich hat all dies gleichzeitig das ichbezogene Denken gefördert, das in diesem Gehirn ebenso vorhanden ist: durch Anerkennung, sozialen Status oder bestimmte Sonderrechte. Das Ich verkündet gerne »Ich bin Arzt« und beobachtet mit Freude die Veränderung im Gesicht seines Gegenübers. Es genießt die Art und Weise, wie man ihm daraufhin begegnet. Doch inzwischen weiß dieses Gehirn, dass das Ego sich überhaupt nicht bewusst ist, dass seine Aufgabe im Dienst am Mitmenschen besteht. Es weiß, dass Stolz nur Leiden verursacht, da das Ich niemals so viel Anerkennung erfahren wird, dass es zufrieden ist. Daher muss sich die geistige Aktivität, die den Arztberuf ausübt, aus den Fesseln des Ego befreien, damit sie ohne Einschränkung zuhören, verstehen und angemessene Vorschläge zur Heilung machen kann.

Kompetenz drückt sich darin aus, wie sehr man sich zurücknehmen kann.

Beispiel 4: Ein winziger Pups

Im Lauf meiner ärztlichen Tätigkeit habe ich bisweilen gesehen, wie Menschen sterben. Manche waren noch in ihren letzten Stunden um den Eindruck besorgt, den sie auf andere machten. Ihr Ego verwandte die wenige Kraft, die in ihrem siechen Körper verblieben war, auf die Sorge, wie man sie nach ihrem Tod in Erinnerung behalten würde. Ich erinnere mich noch gut an einen Patienten, dessen Bauchraum voller Blähungen war. Gleichwohl vermied er es um jeden Preis zu pupsen. Man sah förmlich, wie der Grüblerich in seinem Kopf am Werk war: »So etwas mache ich nicht. Ich furze nicht in der Öffentlichkeit. Wie wird mich denn der Arzt in Erinnerung behalten, wenn ich mich in seiner Anwesenheit so gehen lasse?«

Glücklicherweise war er von einer Atmosphäre des Sich-Zurücknehmens umgeben, vor allem weil ihm die verständigen Krankenschwestern immer wieder voll Mitgefühl nahelegten, sich nicht mehr zurückzuhalten. Der Patient hatte schließlich ein Einsehen, nahm die Gegenwart und die Liebe seiner Angehörigen an und überwand die Furcht, verurteilt zu werden, bis sein Körper endlich losließ.

Das Ich räumte seinen Platz zugunsten des Lebens und seiner letzten Regungen sowie einer wohlverdienten Ruhe. In einer seiner letzten Stunden sagte der Patient zu uns: »Danke für all das, was Sie für mich sind.«

Üben, üben und nochmals üben

Im nächsten Absatz finden Sie eine Reihe von Begriffen. Markieren Sie diejenigen, die am ehesten Ihrem Selbstbild entsprechen. Wenn Sie Begriffe hinzufügen möchten – nur zu.

Ich bin: Held ... Deutscher ... Heiler ... Krieger ... Retter ... Heiliger ... Fotograf ... Künstler ... Dichter ... Koch ... Klempner ... schön ... krank ... Fahrgast in der U-Bahn ... braunhaarig ... Umweltschützer ... Geschäftsführer ... Superhirn ...

Hier können wir abbrechen, sonst schreiben wir noch ein eigenes Buch voll. Und dennoch: Sie sind nichts von alldem! Haben Sie sich dazu entschlossen, eine strukturierte Persönlichkeit zu sein? Oder im Gegenteil eine chaotische? Hat Ihr Nachbar sich dafür entschieden, kahlköpfig zu sein? Oder arm? Oder Deutscher? Oder Chinese? Was werden Sie morgen sein? In zehn Jahren? Das vorherzusagen ist unmöglich.

Was sind Sie also? Beachten Sie den genauen Wortlaut der Frage: nicht »*Wer* sind Sie?«, sondern »*Was* sind Sie?«. Nehmen Sie sich ruhig einen Augenblick Zeit und denken Sie über den Unterschied zwischen *Wer* und *Was* nach.

Nun versuchen Sie einmal, fünf Minuten lang nicht »ich« zu sagen, so wie bei dem Spiel, bei dem es darum geht, möglichst lange weder Ja noch Nein zu sagen. Probieren Sie es zunächst während eines Gesprächs aus. Sie brauchen Ihren Gesprächspartnern nichts von Ihrem Vorhaben zu erzählen. Versuchen Sie, an der Unterhaltung teilzunehmen, ohne »ich«, »mein« oder »mir« zu sagen. Drücken Sie sich auf andere Weise aus. Sie werden feststellen, dass das gar nicht so leicht ist.

Wiederholen Sie diese Übung, wenn Sie allein sind. Achten Sie auf jedes einzelne »Ich«, das durch Ihren Kopf schwirrt. Zählen Sie sie einmal, nur fünf Minuten lang! Allein durch den Versuch, die »Ichs« zu zählen, werden Sie deren Anzahl verringern. Auch das ist eine Methode, sich selbst zurückzunehmen.

Machen Sie die Übung auch einmal während einer Diskussion. Statt sich darin zu verbeißen, die Argumente des anderen zu zerpflücken, spüren Sie Ihr Ich in Ihren Worten auf: »Sieh an, da ist ja wieder mein liebes kleines Ich, das sich verteidigen und um jeden Preis recht behalten will. Doch selbst wenn es recht behielte – würde das an der Entwicklung auf diesem Planeten irgendetwas ändern?« Machen Sie sich klar, dass Ihr eigenes ichbezogenes Denken das ichbezogene Denken des anderen verachtet, als befände es sich in einem Kampf auf Leben und Tod. In einer idealen Welt, in der ein Gedankenaustausch vom bewussten Denken geleitet würde, gäbe es keinerlei Konflikte, sondern nur einen Dialog, der zu erforschen versuchen würde, welches Vorgehen das richtige ist. Denn es ist nicht von der Hand zu weisen, dass zwei geistige Instanzen, die frei von der Last eines Ego sind, einander bereichern.

6
Den Film anhalten

Machen Sie sich bei jedem neuen Gedanken bewusst, dass er vollkommen nichtig ist. Dadurch verhindern Sie, dass der nächste Gedanke ausgelöst wird, und die Reihe der Illusionen bricht ab.

Khyentsé Rinpoche

Vor ein paar Stunden haben Sie mit Ihrem Partner geschlafen. Jetzt sitzen Sie auf einer Parkbank, denken daran zurück und streichen mit den Füßen durch das Herbstlaub. Sie sind allein. Vor Ihrem geistigen Auge läuft immer wieder der Film mit Ihrem Liebesspiel ab. Ihr ganzer Körper lächelt!

Sie sehen Hände vor sich, die in eine Hose oder unter einen Rock gleiten. Die Finger halten sich nicht damit auf, Knöpfe zu öffnen oder einen Reißverschluss aufzuziehen. Handflächen und Hinterteile suchen einander. Auch der Unterleib fordert seinen Tribut.

Sie sitzen also auf einer Bank, im weichen Licht des Spätnachmittags, und in Ihrem Hirn führt Ihnen der Grüblerich einen erotischen Film vor, in dem Sie sich selbst spielen. Beim Anblick dieses Spektakels fährt Ihnen ein Schauder durch den ganzen Leib.

Plötzlich sind andere Bilder zu sehen, als hätte der Grüblerich ohne Vorwarnung das Programm geändert. Jetzt sehen Sie das Gesicht des Menschen vor sich, mit dem Sie geschlafen haben. Ein verschlossenes Gesicht. Ein Gesicht, das sich jedes Mal abwendet, wenn Sie von Ihren Träumen erzählen. »Ich weiß nicht«, bekommen Sie immer wieder zu hören, während Sie Ihre Kleidungsstücke einsammeln, die verstreut auf dem Boden liegen. »Ich weiß nicht, ich weiß nicht. Und jetzt lass mich in Ruhe!« Der Film bleibt stehen, klack, klack, klack, klack ... Eine harte Landung. Im Saal geht das Licht an.

Sie sitzen noch immer auf der Bank. Vor Ihnen spielen Kinder. Sie bewerfen einander mit Laub, immer wieder ist ihr Lachen zu hören, das wie Vogelgezwitscher klingt. Der laue Wind weht den Duft von brennendem Holz herbei. Das Licht der Sonne ist angenehm warm, doch jetzt schluchzt Ihr ganzer Körper. Was ist los? Was ist passiert? Ganz einfach: Innerhalb eines Sekundenbruchteils hat die Selbstliebe den Film manipuliert. Ihr wunderbarer wahrer Film, der die gelebte Liebe zeigte, wurde von Ihrem Ich von der Leinwand gedrängt!

Eine Liebe, die frei vom Ego ist, kann nur in der Gegenwart leben. An jedem anderen Ort erstickt sie. Und was sich dann im Kopf abspielt, hat mit Liebe nichts mehr zu tun. Es sind Träumereien, Hirngespinste, ichbezogene Kapriolen. Die Liebe lebt weder im Gestern noch im Morgen. Im Licht der wahren Liebe wird die überstrapazierte Formel »Mehr als gestern, weniger als morgen« als ausgemachte Dummheit erkennbar. Die Liebe *ist*. Punkt. Hier und jetzt. Frei vom Grüblerich. Liebe ist Gegenwart. Wie kann es da gelingen, sich ihr rückhaltlos hinzugeben? **Indem man das Räderwerk des Geistes anhält.**

Um nicht sterben zu müssen, lehnt der Grüblerich auf der Stelle alles ab, was ihn in seinem Lauf bremsen und ihm das Gefühl vermitteln könnte, tot zu sein. Oder unerwünscht. Oder ausgeschlossen. Er bemisst seinen Wert danach, wie schnell er läuft, und überprüft andauernd, ob ihm irgendetwas Minuspunkte einbringt. Deshalb vergleicht, misst und urteilt er. Er fühlt sich vernachlässigt, weil er nicht mehr so bedeutend ist, wie er sich erhofft hatte. Er war einmal jemand – das ist jetzt vorbei. Sobald sich das Rad auch nur geringfügig langsamer dreht, fängt es an zu quietschen. Und dieses Quietschen spüren Sie am ganzen Leib! Das Leiden breitet sich aus, und nichts geht mehr.

Übung

Wie Sie inzwischen wissen, können Sie dieses Übel auf ganz einfache Weise vermeiden, indem Sie sich aufmerksam beobachten und sich vor Augen halten, dass Vorstellungen und Empfindungen aufs Engste miteinander verknüpft sind. Diese Verbindung ist so stark, dass ein Wandel der geistigen Vorstellungen im selben Augenblick eine Veränderung der körperlichen Empfindungen zur Folge hat.

Wenn Ihnen das klar ist, können Sie lernen, diesen Vorgang aktiv zu steuern. Gehen Sie an einem Spätnachmittag in einen Park und suchen sich eine Bank, an einer Stelle, an der ein laues Lüftchen weht, die Vögel singen und das Licht wie verzaubert durch die Baumkronen fällt ... Kurz: Suchen Sie sich einen *ruhigen* Ort.

Betreten Sie nun das Kino Ihrer Vorstellungskraft. Wählen Sie aus dem Durcheinander Ihres neuronalen Archivs einen Film aus. Am besten eine Liebesgeschichte, genauer gesagt eine Episode aus Ihrem Leben, die in süßer Aufgekratztheit begonnen und in einem Albtraum geendet hat – wir alle haben schon einmal einen amourösen Reinfall erlebt, nicht wahr? Stellen Sie sich jetzt eine erotische Szene vor. Keine falsche Scham, das hier ist nur eine Übung ...! Beobachten Sie, wie die Lust nach und nach durch alle Fasern Ihres Körpers strömt. Spüren Sie, wie sie sich ausbreitet – das geschieht unmittelbar!

Szenenwechsel. Führen Sie sich jetzt den Moment vor Augen, in dem Ihre Träume zu Bruch gegangen sind und alles außer Kontrolle geraten ist. Nicht ganz einfach, oder? Sie wollten bei der erotischen Szene bleiben und sie fortspinnen, und jetzt erleben Sie plötzlich wieder den Augenblick, in dem eine Stimme ruft: »Ich kann das nicht! Ich kann mich nicht für immer binden. Das ganze Leben mit demselben Menschen zu schlafen – das ist nichts für mich. Das war's, mach's gut.«

Beobachten Sie, wie das Unbehagen an jeder Stelle Ihres Körpers zu Spannungen und Verrenkungen führt. Auch das geschieht unmittelbar. Verfolgen Sie die biochemischen, hormonellen und physiologischen Veränderungen. All das passiert nur wegen ein paar Bildern in Ihrer Vorstellung. *Beobachten Sie sich!*

Verlassen Sie nun das Kino. Sie sitzen noch immer auf der ruhigen Parkbank, die Sie sich ausgesucht haben. Nehmen Sie ganz bewusst die Gerüche Ihrer Umgebung wahr. Erspüren Sie, wie Ihre Füße Kontakt zum Boden haben. Öffnen Sie Ihre Ohren für den Gesang der Vögel. Sehen Sie den spielenden Kindern zu. Richten Sie Ihre ungeteilte Aufmerksamkeit auf ihre Gesten, ihr Lachen, ihre Unschuld. Ihre *ungeteilte* Aufmerksamkeit! Lassen Sie sich nicht ablenken. Spüren Sie die Lebensenergie, die in Ihnen zirkuliert. Das meine ich ernst: Spüren Sie sie! In diesem Moment betreten Sie das Königreich eines Lebens ohne Ego. Gut gemacht!

Wenn Ihr Geist nur noch von der Energie in Ihrem Innern erfüllt und also frei von Worten ist, werden Sie die Wahrheit vernehmen, die das Schweigen schon seit so langer Zeit verkündet, und ein Wohlbefinden verspüren, das nicht mehr von den Mängeln und Unzulänglichkeiten des Grüblerichs gestört wird.

Bleiben Sie trotzdem wachsam, denn das Tierchen kann jederzeit wiederkehren und Unruhe stiften! Wenn Sie hellhörig sind, werden Sie bemerken, wenn es wieder auftaucht. Dann werden Sie sogar darüber lachen können. Richten Sie nun Ihre Aufmerksamkeit wieder auf die spielenden Kinder, die Gerüche der Umgebung, die sanften Bewegungen der Luft. Werden Sie eins mit Ihrer Umwelt, und lösen Sie die Verbindung wieder. Vereinen, lösen. Vereinen, lösen. Bald wird Stille in Ihrem Kopf herrschen, eine Stille, die Sie nicht zu »etwas Besonderem«, sondern einfach nur glücklich macht. Kein Merkmal Ihrer Persönlichkeit wird Ihnen noch einen Sonderstatus verleihen. Niemand wird sich nach Ihnen umdrehen und sagen: »Da sitzt einer, der erwacht ist! Ein freier Mensch. Ein Mensch, der das Leiden überwunden hat.« Sie werden einen gewöhnlichen, ja sehr gewöhnlichen Eindruck machen. Niemand wird nur aufgrund Ihrer Anwesenheit Notiz von Ihnen nehmen (etwa wenn Sie einen Raum betreten), doch Sie werden sich unbeschwert und bis in die Tiefen Ihres Wesens wohlfühlen.

Diese Art von Präsenz kann Ihnen unter Umständen allerdings auch Kritik einbringen. Machen Sie sich darauf gefasst. Führen Sie sich vor Augen, was dabei geschieht: Der Grüblerich der anderen stürzt sich auf die Stille, die Ihren Geist beherrscht, auf Ihre Ausgeglichenheit, die die anderen beschimpft, erniedrigt und ihnen Unwohlsein verschafft. Gegen solche Angriffe sind Sie jedoch gefeit. Sie haben kein Ego mehr, das von den anderen zerfleischt werden kann, das reagiert, sich empört, sich quält, angreift, zurückschießt, kurz: das sich verrückt macht. Doch was haben Sie an seiner Stelle? Freiheit. Einen geschützten Raum. Die Filme, die in Ihrem Innern ablaufen, zeigen nur Neuinterpretationen von Ereignissen der Vergangenheit, niemals jedoch die Realität. Die Realität liegt lange zurück. Was Sie jetzt daraus machen, hat nie stattgefunden. Was Sie vor sich sehen, sind nur Filmschnipsel, die auf die Leinwand Ihres Geistes projiziert werden. Nichts davon ist wirklich! Wenn Sie das erkennen, stellt sich Frieden ein und Ihr ganzer Körper lächelt. Sie nehmen sich selbst zurück.

Erscheint Ihnen das zu einfach? Oder gar lächerlich? Probieren Sie es aus, und Sie werden sehen. Konzentrieren Sie sich ganz, wirklich *ganz* auf diese Vorgänge. Bis Ihr Kopf von allem befreit ist. Wenn Sie es ausprobieren und sich dadurch nichts ändert, so liegt das daran, dass der Grüblerich noch immer – von der Angst getrieben – in Ihrem Hirn herumrast.

///

Sich von der Vergangenheit lösen

Manchmal möchte ich lächeln, wenn mir jemand von seinen Leiden berichtet. Dann muss ich aufpassen, denn ich will nicht, dass der andere glaubt, mir fehle es an Mitgefühl. Falls ich doch einmal lächle, so deshalb, weil ich die Horrorfilme vor mir sehe, die der andere sich vorführt. Dann fühle ich mit ihm. Er erlebt seine eigenen Filme wie im Kino, er identifiziert sich mit den Figuren und ist sich dessen nicht bewusst.

In unserem Geist lagern dermaßen viele Horrorfilme, dass wir nicht mehr wissen, welche wir ansehen sollen. Weshalb sind es so viele? Weil die Erinnerung unser Lebenselixier ist. Wir verbringen einen Großteil unserer Existenz damit, in der Vergangenheit zu leben, also in einer Zeit, die längst vorbei ist! Wieder und wieder führen wir uns alte Geschichten vor Augen und hoffen, sie dadurch zum Verschwinden zu bringen. Unser Gehirn stellt sich vor, wir könnten, indem wir dieselben Ereignisse immer wieder durchkauen, ein anderes Ende herbeiführen. Aber wie sollte das möglich sein?

Der Grüblerich ist ein gewiefter Filmvorführer. Rund um die Uhr bietet er uns eine Privatvorstellung. Dieser kleine Hamster (unser Ego) spielt mit den Filmrollen (unseren Erinnerungen) und schneidet das Material neu zusammen. Manche Szenen schreibt er auch um, andere verschönert er, andere macht er abstoßender, und das alles nur, um sich selbst größtmögliche Bedeutung zu verleihen und ganz oben auf dem Treppchen zu stehen:

»Warum hat er so etwas zu mir gesagt? ... Warum bin nicht ich befördert worden? ... Und sie, weshalb sieht sie mich so an? ... Das haben sie bestimmt mit Absicht gemacht ... Wenn ich das gewusst hätte ... Wenn ich sie nicht geheiratet hätte, müsste ich jetzt nicht wie ein Bekloppter schuften, um diese herumschlurfenden Taugenichtse zu ernähren, denen die Hosen bis zu den Knien hängen und die aller Welt ihren Bauch präsentieren. Ich hätte auf Reisen gehen können, olympische Medaillen gewinnen, Filmstar werden, alles verführen, was nicht bei drei auf den Bäumen ist ... Ich hätte so viel mitnehmen können im Leben!«

Auch wenn der Grüblerich in Ihrem Kopf die Vergangenheit hundertmal umschreibt – er wird nie zufrieden sein. Doch weil er unbedingt ein anderer werden will, fängt er jeden Tag aufs Neue damit an. Verzweifelt versucht er, seine Erinnerungen herauszuputzen und sich in einem besseren Licht zu präsentieren. Diese Bemühungen sind eine Art Schönheitsoperation am Ego, in der sich das Streben nach persönlicher Entwicklung sowie fortwährender Vervollkommnung des Hamsters ausdrückt. Nur führen diese verbissenen Anstrengungen zu nichts, denn sie greifen auf das Gestern zurück, um das Image von morgen zu formen. Was Sie heute sind, was Sie morgen sein werden, beruht ausschließlich auf der Gegenwärtigkeit, die Sie jedem Moment verleihen. Ihr Leben besteht aus einzigartigen

Momenten, die Sie in vollen Zügen genießen sollten, und nicht aus vorweggenommenen Hirngespinsten, die auf alten, verfälschten Erinnerungen basieren.

Unter uns gesagt: Die Vergangenheit hat keine Zukunft. Jede Minute, die Sie sich mit ihr beschäftigen, ist verschwendet. Ihr Grüblerich kann die Vergangenheit so oft durchexerzieren, wie er will – er wird sie nicht ändern.

»Als ich vier war, hat mein Vater mich in den Hintern getreten, er hat mich mit dem Gürtel verprügelt und mich geohrfeigt, das tut heute noch weh! Ich bin jetzt 44 und habe noch immer überall Schmerzen! Wenn er doch nur beinamputiert und einarmig gewesen wäre!«

»Dieser Vollidiot von einem Lehrer, der mir mit einem Wörterbuch auf den Kopf geschlagen hat! Hätte ich einen anderen Lehrer gehabt, hätte ich heute bestimmt nicht solche Probleme mit der Rechtschreibung!«

Sehen Sie, wie der Hamster sich abmüht, das zu ändern, was schon längst vergangen ist? Erkennen Sie die Absurdität dieses Vorhabens? Was Sie manchmal Ihre »vermaledeite Vergangenheit« nennen, existiert nur im Laufrad Ihres geliebten Grüblerichs. Vor langer Zeit haben Sie eine Szene Ihres Lebens gefilmt, und nun sehen Sie sie immer wieder an, als würde sie sich dadurch verwandeln. Doch je häufiger Sie solche Szenen durchkauen, desto mehr verfestigt sich die Identifikation und Sie erschaffen sich falsche Identitäten. Dadurch werden Sie zu etwas, was Sie nicht sind: etwas »Abgeschlossenes«, das nur in Form von Aufzeichnungen in Ihren neuronalen Archiven existiert.

Ich wiederhole es gerne noch einmal: Nicht Sie sind das Problem, sondern Ihr rennender Hamster! Bewusstheit bedeutet, zwischen einem Film und dem Leben unterscheiden zu können und zu begreifen, dass es ein kapitaler Fehler ist, die Vergangenheit ändern zu wollen, um die persönliche Entwicklung zu fördern. Warum? Wenn Sie

Ihre persönliche Entwicklung fördern, fördern Sie damit nur die Entwicklung des Hamsters, nicht die des Lebens!

Fragt mich heute jemand, wer ich bin, so antworte ich: »Ich bin eine Form, die das Leben für einen gewissen Zeitraum angenommen hat, mehr nicht.« Nur wenn Sie sich selbst zurücknehmen, können Sie werden, was Sie in Ihrem Innersten sind: ein Bewusstsein, das fähig ist zur Liebe.

//

7

Sex, Sex und nochmals Sex!

Die meisten Menschen verschwenden ihre Energie, indem sie ihre Sexualität verleugnen, Keuschheitsgelübde ablegen oder andauernd an Sex denken.

Jiddu Krishnamurti

Sprechen wir ein bisschen über Sex, und kommen wir gleich zum Punkt. Finden Sie nicht auch, dass dermaßen viel darüber geredet wird, dass man gar nicht mehr weiß, was man noch sagen soll? Dass Sex allgegenwärtig ist? Ich habe gelesen, dass die Pornoseiten im Internet die am häufigsten besuchten sind und dass sie Milliarden einbringen. Woher kommt dieses Bedürfnis, so viel über Sex zu reden?

Die Antwort ist ein ernst zu nehmendes Paradox. Ich nenne es das Hamster-Paradox: Wir sprechen so viel über Sex, um den Grüblerich zum Schweigen zu bringen. Wenn wir mit jemandem in die Kiste steigen, findet unser Geist wenigstens für gewisse Zeit Ruhe. Vielleicht ist diese Handlung sogar die einzige, die uns im Leben Frieden finden lässt.

Um das besser zu verstehen, wollen wir zunächst zwei Menschen beobachten, die miteinander schlafen. (Nein, ich bin nicht von Sex besessen, sondern vielmehr vom pädagogischen Eros. Ich will die Aufmerksamkeit meiner Leserschaft wecken.) Schon bei der ersten Liebkosung wird der Grüblerich langsamer. Seine Aktivität nimmt ab. Als wäre jeder Kuss ein Tritt auf die Bremse und brächte das Drehen seines Rades immer mehr zum Stillstand. Das Tierchen sieht sich umzingelt von sinnlichen Empfindungen: Hitze, Feuchtigkeit, der Geschmack von Speichel und Haut. Haare, die ineinanderfließen, Lippen, die andere Lippen suchen, ein Kitzeln in den Fingerspitzen, Stöhnen, Seufzer, Keuchen, Schreie ... Das Leben zieht sämtliche Aufmerksamkeit auf sich!

Hin und wieder Worte, kurz und heftig: »Ja! Ja! Ja! Mehr! Mehr! Mehr! Das ist so gut! Ja! Mehr!« Überraschende Worte, denn sie stammen nicht aus dem Laufrad, das jetzt ganz zur Ruhe gekommen ist. Diese Worte hat das Leben selbst hervorgeschleudert ... oder vielleicht auch die Stille.

Der Geist der Liebenden wird jetzt ganz von den Berührungen auf der Haut und ihrer gemeinsamen Sprache beherrscht. Das Bewusstsein widmet sich ausschließlich dem, was die Hände spenden und empfangen, was der Mund gibt und nimmt, was die Geschlechter tauschen. Das Gegrübel scheint aus dem Gehirn verschwunden. Dort herrschen nur noch Versenkung und Lust. Eine gewaltige Erschütterung, die den Erdboden öffnen könnte. Die unendliche Gegenwart dessen, was ist. Schlichte Beobachtung. Reine Empfindung.

Der Grüblerich ist vollständig zur Ruhe gekommen. Aber ach! Kaum ebbt die Lust wieder ab, steigt er in sein Rädchen, das sich ruckelnd in Gang setzt. In den Köpfen der Liebenden bricht wieder der Lärm los. Alles dreht sich um die versiegte Lust: »Das war umwerfend!«, »Ich fühle mich so leicht, wenn du auf mir liegst!«, »Deine Schönheit raubt mir den Verstand ...«

Das Dasein im Moment, das seine Achtsamkeit dem Atem des anderen gewidmet hat, ist vorbei, die friedliche Ruhe, die den Körper durchströmt hat, ist verflogen. Nur der Grüblerich hat überlebt und dreht schon wieder durch: »Endlich habe ich eine verwandte Seele gefunden! Bei ihr kann ich ganz ich selbst sein, sie will mich nicht ändern oder zu etwas ma-

chen, was ich nicht bin! Mit ihr werde ich wachsen können!«
Blablabla!

Ein paar Jahre später, nach einer schnellen Nummer im Autopilotenmodus, quietscht es im Rad des Grüblerichs gewaltig: »Ist das dieselbe, die mich früher mit ihrem granatenmäßigen Körper und ihrem lasziven Ungestüm zum Wahnsinn getrieben hat? Die heute immer die Spülmaschine vollstopft und mir ein Ohr abkaut, wir sollen die Decken gelb streichen? Wenn sie wenigstens den Mund halten würde!«

Hören Sie dieses Dröhnen im Kopf? Erkennen Sie, wie dieser Mensch leidet, obwohl er nicht verletzt ist, ja sich nicht einmal einen Kratzer zugezogen hat? Nur das liebe kleine Ego beschwert sich, dass der andere ihm nicht mehr zu Diensten ist, nicht mehr der ist, der er sein soll, und raubt dem Ich dadurch das erhabene Gefühl, »etwas Besonderes« zu sein.

In der Welt des Ego gilt der Grundsatz: »Ich existiere, sobald der Blick des anderen auf mir ruht. Wenn dieser Blick mich verlässt, ist meine Existenz in ihren Grundfesten bedroht.« Das versteht der Grüblerich unter Liebe! All der Lärm, all das Tosen ... Aber könnte es auch anders sein?

Das Begehren wird erst dann zum Problem, wenn sich das Ego einmischt. Beobachten Sie Ihr Begehren, wenn es sich wieder einmal regt. Richten Sie die Aufmerksamkeit ganz auf seine körperlichen Äußerungen. Bringen Sie Ihr zappelndes Ego zum Schweigen (»Den Typen dort werde ich mir schnappen!« oder »Eine, die so gut aussieht, kriege ich sowieso nicht«) und enthalten Sie sich eines Urteils. Lassen Sie einfach die Worte an sich vorüberziehen. Trennen Sie zwischen dem Anteil des Begehrens, der vom Gerede des Grüblerichs hervorgerufen wird (oder den schlechten Filmen, die er auf die Leinwand wirft), und dem echten, körperlichen Anteil des Begehrens. Wenn Sie dem bewussten Denken uneingeschränkt den Vorrang einräumen, wird das Begehren eine gänzlich andere Gestalt annehmen. Entweder wird es schwächer – und die Sache ist gelaufen – oder Sie werden Ihrem Gegenüber mit Ihren wahren Gefühlen begegnen können. Diese Wahrhaftigkeit wird Ihnen erlauben, zu benennen, was in Ihnen vorgeht.

Falls Ihnen diese Erklärungen noch immer zu kompliziert sind, hilft Ihnen vielleicht ein Satz, den mir eine befreundete buddhistische Nonne einmal geschenkt hat und der jede Furcht zum Verschwinden bringt, die das kleine Ego hegt: »Was täte ich nur, wenn ich keine Angst mehr hätte?«

///

Selbstsüchtige Liebe oder wahrhafte Liebe?

Weil die Liebe fehlt, wird Sex zum Problem.

Jiddu Krishnamurti

Ich möchte nun ein wenig über die Liebe sprechen, über die Liebe im Allgemeinen. Ich habe zahlreiche Menschen behandelt, die an etwas litten, was sie »Liebeskummer« nannten. Wenn ich ihnen zuhörte, erkannte ich rasch, wie dabei ihr Ego am Werk war. Ihr Gesicht wurde zu einem Fenster, hinter dem das sich drehende Rad zu sehen war, das Grübeleien herausschleuderte, so wie man Viehmist auf den Feldern ausbringt – Dünger für das Leiden. Ich, ich, ich ... so ging es ohne Unterlass. In dem, was sie sagten, gab es nicht einen Gedanken ohne Ego. Nur das liebe kleine Ego. »Er hat zu mir dies gesagt, dann habe ich zu ihm jenes gesagt ...« Diese Menschen verwechselten die selbstsüchtige Liebe, die Abhängigkeit, mit der wahrhaften Liebe.

Die selbstsüchtige Liebe gründet im ichbezogenen Denken. Sie gedeiht in mir, dank meiner und durch mich. Diese Art der Liebe ist am weitesten verbreitet, nach ihr strebt der Großteil aller Menschen.

Die wahrhafte Liebe dagegen gründet im bewussten Denken. Sie ist nur selten anzutreffen und kaum bekannt. Das ist nicht verwunderlich, denn sie ist frei vom Ego.

Die Schwierigkeit besteht darin, dass selbst in Sachen Liebe der Grüblerich mit seinem Drang nach persönlicher Entwicklung auf den Plan tritt. Er verwechselt die echte Liebe, die weder Erwartungen hegt noch Gegenleistungen fordert, mit der Form der Liebe, die glaubt, ohne den anderen nicht mehr leben zu können. Wenn man über den Ausdruck »verliebt sein« nachdenkt, erkennt man rasch, dass er einen Zustand der Hochstimmung und des tief empfundenen Wohlbefindens beschreibt, der vom ichbezogenen Denken gestützt wird (und den das Ego daher unbedingt erreichen will). Die Grübeleien im Kopf des verliebten Menschen sprechen angesichts des anderen, dessen Wahl auf den Grüblerich gefallen ist und der diesen dadurch zu etwas Besonderem macht, ausschließlich von Schönheit, Harmonie und Perfektion. Schließlich ist die Wahl auf ihn gefallen und nicht auf einen anderen! Solche Grübeleien haben die Ausschüttung großer Mengen an Endorphinen zur Folge. Von dieser Form der Liebe leben auch Klatschmagazine, Groschenromane und Filmschnulzen.

Natürlich ist man anfangs für eine Weile voneinander hingerissen. Man achtet auf die Bedürfnisse des anderen, sein Wohlergehen, seine Lust. Doch eines Tages verspürt das Ego – das ichbezogene Denken – die Angst, den anderen zu verlieren, oder es glaubt, die Beziehung lässt ihm keinen Raum mehr, sich zu entfalten. Es fängt an, alles zu bewerten, abzuwägen, zu beurteilen ... Nun heißt es nicht mehr »Ich liebe dich, ich liebe dich, ich liebe dich«, sondern »Du hörst mir überhaupt nicht zu, wenn ich mit dir rede« oder »Gehst du heute Abend schon wieder aus?«, und das Zusammenleben wird immer stärker von diesen Grübeleien geprägt.

Die wahre Liebe ist kein Zustand, sondern ganz Bewegung. Sie ist Wachsamkeit, Gegenwart, Achtsamkeit, Offenheit.

Der Grüblerich kann die wahre Liebe nie erfahren, denn sobald sich seine Grübeleien regen, wird die Liebe von der Unruhe des Ich verdrängt. Die Grübeleien, die durch unsere Köpfe spuken, sind wie Banner im Schlepptau von Flugzeugen, auf denen »Ich bin verliebt!« steht. Die wahre Liebe macht jedoch keine Werbung. Sie braucht nicht zu verkünden, dass sie etwas Einmaliges, Außergewöhnliches ist. Sie hat nicht das Ego im Blick, sondern den geliebten Menschen, den sie nicht idealisiert, sondern so sieht, wie er ist. Sie hat nur einen Gedanken: »Was kann ich tun, um diesen Menschen glücklich zu machen?« Doch auch wenn sie schweigt, versteht das Herz gleichwohl.

Bei der ichbezogenen Liebe stürzt das Ego nach dem Ende einer Beziehung in tiefe Verzweiflung. Der Hamster kommt in seinem Rad auf Touren, er holt die Vergangenheit hervor und schreibt sie um, jene Zeiten puren, ungetrübten Glücks, in denen vermeintlich alles perfekt war. Dabei jammert er: »Und das alles ist jetzt vorbei!« Der Schmerz wird mit jeder Stunde stechender. Der Grüblerich leidet in seinem Rad immer größere Qualen, doch er rennt verbissen weiter und hofft, dass irgendetwas passiert, dass der andere zu ihm zurückkommt und zu ihm ins Rad steigt. Es ist wie beim Roulette im Kasino. Der Grüblerich ruft: »*Faites vos jeux!* Machen Sie Ihr Spiel! Setzen Sie auf mich! Auf mich!«, und das Roulette antwortet: »*Rien ne va plus!* Nichts geht mehr!« Ist das etwa Liebe?

Wie bereits erwähnt: Der Grüblerich verwechselt Liebe und Abhängigkeit. Weil er sich mit dem Objekt seiner Abhängigkeit identifiziert, mit diesem neu erworbenen Besitz, der ihn aufwertet (eine schöne junge Frau; ein einflussreicher Mann mit Geld und großen Muskeln), ist die Vorstellung, dieses Objekt zu verlieren, unerträglich. Würde er es verlieren, wäre er selbst nichts mehr wert. Wenn der Grüblerich das Verschwinden eines solchen Objekts seiner Anhänglichkeit beweint – das ja nur ein idealisiertes ist –, beweint er seinen eigenen Tod. Deshalb leidet er so sehr. Wenn die Liebe im Zeichen der persönlichen Entwicklung steht, schafft sie unweigerlich Abhängigkeit. Sobald sich der geringste Zweifel einschleicht (»Liebt sie mich noch?«), setzt der Grüblerich lauthals zu seinem Evergreen an: *Ich kann ohne dich nicht leben!*

Wenn dagegen die wahre Liebe eine Trennung erfährt, nimmt das Leiden eine gänzlich andere Gestalt an. Ein Auseinandergehen bietet dann die Chance, in der Kunst des Sich-Zurücknehmens wieder einen Schritt weiterzukommen. In dieser Hinsicht ist solches Leiden fruchtbar.

Im Folgenden möchte ich Ihnen zeigen, wie man sich nach einer Trennung oder einem Todesfall zurücknehmen kann.

Erste Phase

Nach der Trennung verfällt der Grüblerich in helle Aufregung: »Was soll jetzt aus mir werden? Ich bin nichts mehr. Das Leben hat keinen Sinn mehr.« Das ichbezogene Denken erschafft sich eine neue Identität, es sieht sich nun als Opfer. »Niemand leidet so wie ich!«

Zweite Phase

Der Moment des Erkennens setzt ein und das Gehirn aktiviert das bewusste Denken, das sich in folgender Weise äußert: »Der Grüblerich ist mal wieder am Werk. Er posaunt seine Wehklagen hinaus und beschwert sich über die Qualen, die er leidet. Damit blockiert er mein ganzes Denken!«

Dritte Phase

Das Gehirn geht nun ganz in der Beobachtung dessen auf, was geschieht, sowohl in sich selbst als auch im Körper, zu dem es als Organ gehört. Das bewusste Denken beobachtet die körperlichen Anzeichen der Trauer, die vorüberziehenden Erinnerungen und das, was der Grüblerich dazu sagt. Es tritt einen Schritt zurück. Es ist die Ruhe selbst. Es analysiert nicht und urteilt nicht; es begnügt sich damit, zu beobachten. Allmählich breitet sich Ruhe aus. Das Sich-Zurücknehmen zeitigt die ersten Folgen. Dann richtet sich die Aufmerksamkeit immer mehr auf den Menschen, der geht. Frei von Feindseligkeit und Verachtung widmet sie sich gänzlich dem, was der andere in diesem Augenblick erlebt. Sie beobachtet, welche Bedürfnisse er in dieser Lage verspürt (bei einer Trennung) oder wie sein Bewusstsein endgültig zur Ruhe kommt (bei einem Todesfall). Im Kopf des Beobachtenden herrscht nur noch ein von Liebe erfüllter Frieden. Der Grüblerich kann dem nichts mehr entgegensetzen.

Die wahre Liebe kann nur gedeihen, wenn wir uns selbst zurücknehmen. Das ist der einzige Weg.

//

Übung

Wenn Sie noch immer fürchten, Ihr Hamster könnte das Kommando übernehmen, sobald Sie einmal nicht achtgeben, versuchen Sie es mit der folgenden Übung. Sie können sie in Liebesangelegenheiten anwenden (»Er sieht mich nicht mehr so an wie früher«, »Sie macht sich nicht mehr hübsch für mich«), doch sie hilft auch in jeder anderen Lage.

Nehmen Sie eine Zeitung oder ein Magazin zur Hand und lesen Sie ein wenig darin. Achten Sie dabei nicht auf den Inhalt dessen, was Sie lesen, sondern ausschließlich auf die Urteile Ihres Geistes. Sie werden feststellen, dass hinter jedem dieser Urteile Ihr liebes kleines Ich steckt: »Ich bin anders! Jawohl! Ich bin nicht wie dieser Manager, der wegen Steuerhinterziehung verhaftet wird. Ich bin nicht wie dieser Filmstar, der Frau und Kinder sitzengelassen hat. Ich bin nicht wie dieser Sportler, der sich nicht die geringste Mühe gibt. Ich bin ein anständiger Mensch! Und ein treuer Ehemann. Und engagiert bei der Arbeit.«

Das Ego braucht diese durch die Medien vermittelten Zerrbilder von »Bösewichten«, um sich als etwas Besseres zu fühlen und in Sicherheit zu wiegen. Die Bösen sind immer die anderen, nie wir selbst.

Wiederholen Sie diese Übung während eines Spazierganges. Verfolgen Sie, in welchen Mengen derartige Urteile durch Ihren Kopf schwirren. Sie können auch versuchen, sie zu zählen. Machen Sie sich bewusst, wie viele solche Grübeleien Sie hervorbringen, in Bezug auf Ihren Partner / Ihre Partnerin, Ihre Eltern, Ihre Kinder, Ihre Kollegen, Ihren Chef, Ihre Angestellten, Ihre Nachbarn, die Politiker sowie in Bezug auf sich selbst. Eine Flut an Urteilen, die Ihr Gehirn verpesten. Hören Sie zu, wie Ihr liebes kleines Ich sagt: »Ich bin nicht so! Ich würde mich anders verhalten, und mein Verhalten wäre besser!«

Würden all diese Urteile nicht Ihr Denken bevölkern – was bliebe dann noch? Nehmen Sie sich Zeit, um über diese Frage nachzudenken. Während Sie die Antwort suchen, entsteht in Ihrem Kopf vielleicht ein Moment der Stille ... In diesem Moment der Stille, in dem Ihre geistige Aktivität frei von Ihrem angstbeladenen Ego ist, kann sich die wahre Liebe entfalten.

8
Meditation

Die wahre Großzügigkeit der Zukunft gegenüber besteht darin,
in der Gegenwart alles zu geben.

Albert Camus

Meditation ist nach meinem Dafürhalten eine von den Menschen erdachte Methode, den Grüblerich zur Ruhe zu bringen. Wenn man meditiert, lernt das Gehirn, vom ichbezogenen zum bewussten Denken überzugehen. Es lernt, sich selbst zu beherrschen; manche Gelehrte sprechen hier auch von der Beherrschung des Geistes. Übt man diese Methode regelmäßig ein, so lässt sich das bewusste Denken immer rascher aktivieren, wenn das ichbezogene Denken wieder einmal anfängt zu wüten.

Meditieren bedeutet, täglich mindestens zwanzig Minuten darauf zu verwenden, sich selbst zurückzunehmen. Diese zwanzig Minuten bewirken eine dauerhafte Veränderung im Nervensystem. Mit der Zeit entsteht so etwas wie ein Schalter, der automatisch den Strom abstellt, sobald »nichts mehr geht«. Diese 20-minütige Unterbrechung sollte Ihre bevorzugte Methode werden, um den Grüblerich davon abzuhalten, noch länger das Spiel Ihres Lebens zu dirigieren.

Die regelmäßige Meditation ist eine Übung, ähnlich den Übungen der Feuerwehr, bei denen die Feuerwehrleute lernen, einen Brand in einem Mülleimer zu löschen. Sie erlernen ihren Beruf nicht erst, wenn der Brand sich bis zur letzten Etage eines Wohnblocks ausgeweitet hat, sondern sie üben schon vorher an kleinen, alltäglichen Dingen. Bevor ich angefangen habe zu meditieren, hatte ich häufig den Eindruck, mein Kopf stünde in Flammen. Das Feuer zehrte meine körperliche und geistige Gesundheit auf. Irgendwann habe ich erkannt, dass es der Übung bedarf, wenn man dieses Lodern löschen will.

Anfangs besteht Meditation darin, das Lärmen in unserem Geist zu beobachten, alle Geschichten, die dort erzählt werden, alle Reden, die dort gehalten werden. Unser Geist gleicht einem Parlament, das ohne Unterbrechung tagt und in dem alle nur denkbaren Meinungen vertreten werden.

Zwanzig Minuten Meditation erlauben es, den Vorgang der Identifikation (die größte Verirrung der Menschheitsgeschichte) zu beobachten und zu verstehen, dass nicht durch *ihn* seelisches Leiden gelindert wird, sondern durch *sein Gegenteil*. In dieser kurzen Zeitspanne können wir erkennen, wie Identifikation dazu führt, dass wir immer bedeutender sein und uns immer mehr Geltung verschaffen wollen, während Nichtidentifikation zur Folge hat, dass wir nichts mehr wollen und uns daher zurücknehmen können.

Während dieser zwanzig Minuten erkennen wir, dass unser Geist das, was ihm zur Verfügung steht, mit dem verwechselt, was er sich aneignet, und dass die Worte »mein« und »meine« niemals »wir« bedeuten, sondern nur Schall und Rauch sind. »Mein« Fußballverein, »meine« Kultur, »mein« Volk, »meine« Krawatte, »meine« Idee, »mein« Verband, »meine« Krankheit usw. Nur Schall und Rauch!

Wenn das Bewusstsein erkennt, dass es bereits all das ist, wovon es träumt, kann es ganz in dem aufgehen, was seinem Wesen am meisten entspricht: staunen, fühlen, schaffen, lieben. Schluss mit dem andauernden »Ich, ich, ich«. »Ich ist ein anderer«, schrieb Arthur Rimbaud schon 1871. Wie hellsichtig! Damit hat er den Nagel auf den Kopf getroffen, weshalb ich ihm größten Respekt entgegenbringe. Er hat begriffen, dass unser liebes kleines Ich nicht das Leben ausmacht und dass es einzig und allein aus der Erinnerung erwächst, aus der Identifikation, aus einem Redefluss in unserem Kopf, und dass Kunst erst entstehen kann, sobald dieser Redefluss versiegt. Theater, Literatur, Poesie ... Die Form spielt dabei keine Rolle. Das Bewusstsein schafft eine Musik, die die Menschen verstummen lässt und zum Schweigen einlädt, damit der Grüblerich dem bestirnten Himmel Platz macht. Das Leiden hat ein Ende! Reine Gegenwärtigkeit! Und alle Sinne öffnen sich.

In blauer Sommernacht werd ich durch Felder gehn,
Hälmchen zertreten auf den kühlen Pfaden
Und träumerisch ein Prickeln spüren an den Zehn.
Ich werde meinen bloßen Kopf im Winde baden.

Ich werde dann nicht sprechen, werde an nichts denken:
Doch wird die Liebe meine Seele ganz durchtränken;
Und ich werd gehen, wie ein Zigeuner, fort durchs Blau,
Durch die Natur, – so glücklich wie mit einer Frau.[3]

Ist Ihnen jetzt klarer geworden, was Meditation bedeutet? Meditation heißt, das eigene Bewusstsein gezielt auf den Hamsterkäfig auszurichten und dem Tierchen dabei zuzusehen, wie es sich abmüht. Zu beobachten, wie es von Angst geplagt wird und sich um den Schlaf bringt, weil ihm die Zeit davonläuft, weil die Pressemitteilung noch nicht rausgegangen ist,

---

3 Arthur Rimbaud: »Empfindung« (1870). Aus: Arthur Rimbaud: *Sämtliche Dichtungen*. Hrsg. von Thomas Eichhorn. München 2002, S. 15.

weil das E-Mail-Postfach überquillt. Und das um 3:00 Uhr nachts! Was werden Sie morgen nur für einen Eindruck machen? Und was soll überhaupt dieses Gerede von einem Hamster in Ihrem Kopf? Welcher Idiot hat Ihnen denn einen Hamster in den Kopf gesetzt? Außerdem ist da noch dieser Schmerz im Rücken. Ein Knochentumor, keine Frage! Ein Besuch beim Arzt lohnt sich da gar nicht mehr. Auf einen Termin muss man ja sowieso mindestens ein Jahr warten. Haben sie neulich im Fernsehen gesagt. Das ganze Geld auf der Bank, alles umsonst angehäuft. Und dann Ihr Chef, dieser undankbare Kerl, für den Sie sich in Stücke gerissen haben und der Sie immer wie Luft behandelt hat, Sie, seinen besten Mitarbeiter! Er ist es, der Sie krank gemacht hat! *Er! Diese Ratte!*

Stopp! Ruhe!

Auch in solch einem Zustand, wenn das Stürmen in Ihrem Kopf Ihnen den Schlaf raubt, können Sie meditieren. Setzen Sie sich auf die Bettkante und richten Sie die Aufmerksamkeit auf Ihren Atem. Das Gehirn schaltet in den Meditationsmodus, und der Grüblerich fällt auf die Schnauze. In den Gedanken, die dann noch in Ihrem Gehirn verbleiben, findet sich keine Spur Ihres Ego mehr. Das könnte sich etwa so anhören: »Oh, eine Verspannung in der Schulter, wie eigenartig. Woher sie wohl stammt? Schwierig zu sagen: Auf jeden Fall ist sie da. Alle Muskeln sind angespannt, vom Schulterblatt bis zur Hüfte. Wenn das anhält, gehe ich zur Physiotherapie. Und ich werde eine neue Matratze kaufen. Nach 25 Jahren treuer Dienste hat die alte wahrlich verdient, in den Ruhestand zu gehen!«

Und wissen Sie was? Wenn das Bewusstsein erkennt, wie absurd das Gerenne des Hamsters ist, und ihn auslacht – vor allem, wenn er auf die Schnauze fällt –, dann springt das Tierchen schleunigst aus seinem Rad und sucht das Weite!

Die Mönche und ihr Gebet

Wenn ihr euch einsam fühlt und Probleme haben wollt, um die
Zeit zu füllen, dann könnt ihr euch welche erschaffen. Sie existie-
ren und stehen zur Verfügung. Aber nichts zwingt euch dazu, sie
zu ergreifen.

Osho

Im Lauf der letzten Jahre hatte ich das Glück, immer wieder Zeit in
einem buddhistischen Kloster in Nepal zu verbringen. Ich will Ihnen
davon erzählen; nicht um den Buddhismus zu preisen – von dem ich
nicht die geringste Ahnung habe –, sondern weil ich dort Mönchen
begegnet bin, in deren Köpfen der Grüblerich keinen Mucks mehr
zu machen oder zumindest deutlich langsamer zu laufen schien.
Diese Mönche hatten allerdings sehr viel meditiert. Jeden Tag. Während sie in Stille saßen, aber auch im tätigen Leben.

Manche von ihnen haben mir im Gespräch freilich gestanden,
dass trotz jahrelanger Übung das Tierchen in ihrem Kopf (in dieser
Ecke der Welt wohl eher ein Äffchen als ein Hamster) manchmal
noch in Aufregung gerät. Sie haben mir anvertraut, dass sie in solchen Momenten nicht in Panik verfallen, sondern ihr Ich beobachten, diesen selbst ernannten Herrscher der Welt, und in Lachen aus-
brechen! Und mit einem Schlag wird aus dem Laufrad eine Wiege
oder ein Schaukelstuhl. Die einzige Regung, die dann noch durch
die Gehirnzellen läuft, ist die Liebe, die »altruistische Liebe«, wie die
Mönche sagen.

Vielleicht bedeutet der Begriff »sich selbst lieben«, ganz in einer
Gegenwart aufzugehen, die frei von der Aufgeregtheit des Ego ist.
Reine Gegenwart zu sein. Ein Gegenwartsbewusstsein, das die For-
derungen des Ich heraufziehen sieht (»Liebt mich! Liebt mich!«) und
sie schmelzen lässt wie einen Eisblock in heißem Wasser. Sich selbst

lieben bedeutet, die Aufmerksamkeit uneingeschränkt darauf zu richten, wie die Liebe durch alle Fasern des eigenen Seins fließt, ohne jede ichbezogene Einrede, die im Gehirn einen Kurzschluss auslöst.

Die buddhistischen Mönche (wahrhaft weise Leute) sind der Ansicht, dass die Menschen nur zwei Möglichkeiten haben: entweder sie stärken ihr Ich oder sie lassen es los. Diese Entscheidung beeinflusst das Überleben der gesamten Spezies. Wenn sie die richtige Entscheidung treffen, also sich zurücknehmen, kann sich das Leben auch künftig in ihrem Geist entfalten. Wenn sie jedoch die allgegenwärtige Aufregung des Grüblerichs verstärken, wird das wahre Leben seine Schwingungen an anderer Stelle verbreiten.

Diese weisen Menschen leben in verschneiten Bergregionen und genießen ein Dasein ohne das Diktat der Zeit (man kennt dort keine Uhren). Außer wenn man einmal den Bus erwischen muss. Wir dagegen ... Erinnern Sie sich daran, wie ich von der Neuinterpretation der Vergangenheit gesprochen habe, die wir andauernd vollführen, oder unseren Erwartungen an die Zukunft? Mehr als gestern, weniger als morgen ...

Diese Mönche haben es nicht nötig, an Gott zu glauben oder ihn zu erfinden. Sie sind friedliebend und voller Mitgefühl und entledigen sich schon früh im Leben ihres neurotischen Hamsters. Genau genommen eignen sie sich die Fähigkeit an, ihn von überall zu verscheuchen, aus dem geringsten Gedanken, aus dem geringsten Begehren. Das fällt ihnen leicht. Kaum ist der Grüblerich in sein Laufrad gestiegen, kreisen sie ihn mit ihrer Aufmerksamkeit ein, sodass er augenblicklich zum Stehen kommt. Dann wird er mucksmäuschenstill. Er kann nichts mehr sagen. Wie versteinert von der Stille und der Gewissheit, beobachtet zu werden, leistet er nicht den geringsten Widerstand und verschwindet aus dem Bewusstsein. Puff! Und weg ist er! Übrig bleiben nur das intelligente Denken und die Kraft der Liebe.

Manche Menschen sind der Ansicht, das Leben dieser Mönche sei zu nichts nütze. Irrtum! Sie sind Forscher. Sie entdecken Wege, das liebe kleine Ich zum Schweigen zu bringen. Denn *dieses* ist es, das zu nichts nütze ist. Es tut nichts, außer seine Trophäen zu zählen (Geld, Häuser, Eroberungen usw.), und das nur, um sich Bedeutung zu verleihen und gottähnlich zu werden.

Die buddhistischen Mönche beten, damit die Schwingungen ihres Geistes mit denen des Universums kommunizieren. Ihre Gebete sind gänzlich anders als die des Grüblerichs. Wenn der Grüblerich betet, leiert er Formeln herunter und trägt brummend und murmelnd seine Bitten und Ängste vor. Dabei quiekt er wie ein Ferkel. Mit seinen Gebeten spricht er sich Mut zu, so wie mit Kriegsgeheul. Wie mit einem Fliegenfänger will er damit Gott anlocken: »Komm zu mir! Kleb an mir fest! Nimm mir die Sorge, zurückgewiesen zu werden! Und meine Angst, nicht mehr zu existieren!« Wenn die Menschen doch nur erkennen würden, wer da in ihnen betet ...

Wo auch immer ein Gottesdienst gefeiert wird, ist der Grüblerich mit von der Partie und rennt in die Kirchen, die Moscheen, die Synagogen und die Stadien und füllt sie mit dem Singsang seines Rädchens: »Quiiiietsch ... quiiiietsch ... quiiiietsch ...!!!«

Das wahrhafte Gebet vollzieht sich in Stille. Es spricht nicht, verlangt nichts, sagt nicht: »Ich bitte dich ...«, oder: »Mach, dass ...«. Das wahre Gebet weiß, dass bereits alles in Reichweite liegt: der Duft des Flieders, der Geschmack der Orangen, das Lachen der Kinder. Und manchmal, nach einem langen, tiefen Schweigen, ruft es: »Amen!«

Das wahrhafte Gebet kennt weder Beleidigung noch Spott. Es lässt solchen Regungen keine Zeit, sich im Gedächtnis festzusetzen. Es schnappt sie, sobald sie sich bemerkbar machen, und bringt sie durch seinen mitfühlenden Blick zum Verschwinden.

Das wahrhafte Gebet weiß aus seinen Beobachtungen, dass schon ein Wort oder eine Vorstellung ein physiologisches Unwetter mit

Herzrasen und allgegenwärtigen Schmerzen auslösen kann, und wie dieses Unwetter durch eindringliches Beobachten wieder besänftigt wird.

Das wahrhafte Gebet bemisst Intelligenz nach der Fähigkeit des Gehirns, sich selbst zu beobachten sowie hasserfüllte Gedanken im Moment ihrer Entstehung zu erkennen und sie anhand körperlicher Reaktionen zu verfolgen, bevor sie einen Wutausbruch oder eine Ohrfeige auslösen.

Das wahrhafte Gebet weiß, in welch hohem Maß die Unruhe des Geistes – das Hetzen des Grüblerichs im Gehirn – Urteile fällt und innere Spaltung bewirkt. Ohne diese entfremdende Unruhe bleibt die innere Einheit gewahrt. Das bringt den Grüblerich zum absoluten Stillstand. Im Geist verbleibt nur das voll entfaltete Bewusstsein, in dem sich hin und wieder das ichfreie Denken – die einzige intelligente Form des Denkens – zu Wort meldet und feststellt: »Ich ist ein anderer.«

Das wahrhafte Gebet erkennt, dass die persönliche Entwicklung ein endloser Prozess ist, der zu nichts führt, während das Sich-Zurücknehmen im Moment geschieht und zum wahren Leben führt. Es weiß, dass Identifikation nichts bewirkt und dass eine Krawatte, ein Kopftuch oder irgendein Schnickschnack niemals Ruhe des Geistes bewirken kann.

Das wahrhafte Gebet entdeckt, dass Menschen Sinnvolles tun können, ohne gleichzeitig nach persönlicher Entwicklung zu streben. Das Gefühl, etwas Sinnvolles zu tun, hilft wie kaum etwas anderes zu begreifen, worin wahre Freiheit besteht: Der Hamsterkäfig öffnet sich und der Grüblerich löst sich auf – pfff! Der Philosoph René Descartes hat dies in Ansätzen erkannt. Er sagt über die befreiende Wirkung sinnvollen Handelns: »Wer niemand anderem nützt, ist buchstäblich nichts wert.«[4] Allerdings misst er dem Grüblerich

---

4   Nach der Definition des Wortes »nützlich« aus *Le Petit Robert* (Ausgabe 1989).

noch zu viel Gewicht bei, denn der Ausdruck »buchstäblich nichts wert« verrät, wie sehr Descartes noch in der Vorstellung vom Wert eines Menschen gefangen ist. Das Gefühl, etwas Sinnvolles zu tun, verleiht dem Grüblerich keinen Wert. Es schlägt eine Brücke, mehr nicht. Es verbindet den Geist mit den Sternen. Und dadurch entlässt es das Tierchen aus seinem Käfig.

Das Ich stärken oder es loslassen – die Wahl zwischen diesen beiden Wegen ist die bedeutendste und vordringlichste Entscheidung, die die Menschheit treffen muss. Einige der buddhistischen Mönche haben das erkannt. Ihr Schweigen beweist es. Besser gesagt, nicht *ihr* Schweigen, sondern *das* Schweigen, das Schweigen in ihren Köpfen. Dieses Schweigen ist das vollkommene Gebet.

//

Ist Gott ein Hamster?

Gott ist nur gegenwärtig, wenn ich nicht weiß, was Gott ist.

Jiddu Krishnamurti

Ich möchte im Folgenden nicht erörtern, ob es Gott gibt oder nicht. Ich möchte nur gemeinsam mit Ihnen betrachten, was unser Ich aus ihm gemacht hat.

Ob Gott nun existiert oder nicht, eines ist sicher: Der Grüblerich hat sich einen Gott nur für sich selbst geschaffen.

Er hat Gott geschaffen, damit dieser ihn beschützt vor Vulkanen, Dürre, Überschwemmungen, Donnergrollen, Pest, Cholera, Zorn, Schnupfen, Elend, Armut, Krieg, Langeweile, Verdauungsstörungen, Schlaflosigkeit, Allergien, Misserfolg, Pleiten, Hunger, Durst, satanischer Musik, Geschiedenen, Prostituierten, Homosexuellen, Heterosexuellen, Bisexuellen, Trisexuellen, Polysexuellen, Verrückten, Psychopathen, Dummen, Gläubigen, Atheisten, Schwarzen, Weißen, allen anderen, Karierten, Scheckigen, Tätowierten, Gepiercten, Kraushaarigen, Tuberkulösen, Blinden, Tauben, Stotterern, Stummen, Frauen, Männern, Ratten, Hamstern, Schlangen, Dämonen, dem Teufel, der Hölle, vor den anderen, vor sich selbst ... und vor dem Tod!

Wie alles andere hat der Grüblerich sich auch Gott angeeignet und identifiziert sich mit ihm: Er ist *sein* Gott. Daher auch der Ausruf »Mein Gott!«. Er hat folgende neuartige Logik erdacht: »Ich bin das, was ich besitze (mein Gott). Was immer meinen Besitz bedroht, bedroht daher auch mich. Also bedroht, was meinen Gott bedroht, auch mich. Und wenn es sein muss, werde ich mich in die Luft sprengen, um die Ignoranten zu vernichten, die nicht denselben Glauben haben wie ich!«

Manche Menschen glauben, dass Gott lange vor dem Urknall existierte und eines Tages aus Liebe heraus den Menschen nach seinem Ebenbild schuf. Dazu hätte ich eine Frage: Wenn Gott den Menschen (und dessen Geist) nach seinem Ebenbild geschaffen hat, warum zum Teufel hat er ihm einen Hamster ins Hirn gesetzt? Können wir daraus schließen, dass auch im Kopf Gottes (wenn er denn einen hat) ein göttlicher Hamster seine Runden dreht?

Mir ist bewusst, dass die Menschen Gott bewundern. Genauer gesagt ist es der Grüblerich, der von seiner Warte in den Köpfen der Menschen aus dieses allmächtige Wesen bewundert. Gott kümmert sich persönlich um sämtliche Bedürfnisse des lieben kleinen Ich. Zum Dank komponiert ihm das Ich Lieder, bringt ihm Blumen und fertigt kleine Gegenstände, die ihn repräsentieren sollen (und den es manchmal sogar küsst, wenn es eine Eingebung, Vertrauen oder Kraft sucht). Das Ego hat Gott Kultstätten errichtet, in denen es ihn jeden Sonntag anruft und mit anderen Egos über ihn spricht und eine Kleinigkeit zu sich nimmt. Es bewundert ihn, das ist doch offensichtlich!

Gott soll ein Hamster sein? Sie glauben, ich scherze?

Ist Ihnen schon einmal aufgefallen, wie eigenartig es ist, dass Gott fortwährend verteidigt werden muss, dass ihm gedankt und gehuldigt, dass er gefeiert, verehrt und geschätzt werden muss? Finden Sie diese Parallelen zum Ich und seinem Bedürfnis nach persönlicher Entwicklung nicht auch äußerst merkwürdig?

Ich jedenfalls finde diese Ähnlichkeit frappierend. Es ist doch unfassbar, wie sehr Gott unserem Ich gleicht!

Mit diesem Gott kann der Grüblerich machen, was er will. Er kann ihm alle möglichen Namen geben (Jahwe, Allah, Vishnu etc.) und ihm unzählige Gläubige verschaffen. Er kann ihm Worte in den Mund legen, wie er sie gerne hätte und wie er sie gerne hören würde.

Fragen Sie sich doch einmal: Wer ist dieser Hamster, dass er zu der ganzen Welt von Gott spricht? Wer ist er, dass er sich zu seinem Stellvertreter auf Erden erklärt, für ihn wirbt und ihn verkauft? Ein Hamster, der Gott repräsentiert – können Sie sich das vorstellen? Wenn Gott existiert, so kann man ihn weder erfinden noch verkaufen noch repräsentieren. Wenn Gott wirklich existiert, ist es unmöglich, ihn zu erfinden!

Um die Diskussion über die Existenz Gottes abzuschließen, erlaube ich mir eine kühne These: Gott wird erst dann wirklich existieren, wenn der Grüblerich, der an ihn glaubt, nicht mehr da ist. Nehmen Sie sich einmal Zeit und denken Sie über diese Behauptung nach. Vielleicht wird Gott dann das erste Mal wirklich in Ihr Leben treten. Probieren Sie es aus ...

//

Sich zurücknehmen und damit aufhören, Fehler bei anderen zu suchen

Damit Sie recht haben können, muss natürlich jemand anderes unrecht haben. Das Ego gibt daher gerne anderen unrecht, denn das ermöglicht es ihm, recht zu haben. Anders gesagt: Sie müssen anderen unrecht geben, um ihr Identitätsgefühl zu stärken.

Eckhart Tolle

Was glauben Sie: Welches Bindeglied ist das entscheidende in der Menschheitsgeschichte? Nun, es ist die Laus. Ja, die Laus! Früher haben sich die Paviane gegenseitig die Läuse aus dem Pelz geholt und sie gegessen, und heute ist es unser aufgeplustertes Ego.

Natürlich hat sich die Suche nach Läusen in der Gegenwart stark verändert und sehr viel subtilere Formen angenommen. Sich lausen bedeutet heutzutage, am anderen Schwächen und Mängel zu entdecken, um dann auf ihn herabsehen zu können. Ferner heißt es, mit ungebremstem Spürsinn die Fehler zu suchen, die der andere macht, die Schnitzer, die ihm unterlaufen und aufgrund derer man ihn erniedrigen, entstellen und kleinmachen kann, während man genau dadurch sich selbst größer macht. Diese Schutzmaßnahme stammt noch aus der Zeit der Reptilien: Je größer sich das kleine Ego fühlt, desto furchteinflößender fühlt es sich. Und je furchteinflößender es sich fühlt, desto weniger fühlt es sich bedroht. Um also weniger Angst haben zu müssen, genügt es, sich aufzublasen. Weil die Suche nach Läusen beim anderen das eigene Ego wachsen lässt, ist diese Methode geradezu ein Sprungbrett für die persönliche Entwicklung.

Wenn der Grüblerich bei anderen Läuse entdeckt, gerät er in helle Aufregung. Er findet es toll, als Erster die Mängel zu verkünden, die er bei seinem Nachbarn gefunden hat. Sie ahnen, worauf ich hinauswill, stimmt's? Auf diese Weise verschafft er sich die Aufmerksamkeit, die er braucht, um die Langeweile zu vertreiben. Denn wenn man seine Zeit nur damit verbringt, in einem Laufrad zu rennen, langweilt man sich unendlich. Die Marotte, andere zu »lausen«, bereitet dem Grüblerich zwar köstliche Genüsse, doch auf lange Sicht erweist sie sich als unbekömmlich.

Wie können wir uns von dieser Marotte befreien? Indem wir aufhören, uns wie Paviane zu verhalten, und die primitiven Mechanismen unseres Gehirns durch Intelligenz ersetzen, auch wenn der Grüblerich sich pudelwohl fühlt, wenn er sich wie diese großen Affen benimmt.

Wie bereits mehrfach gesagt: Die Intelligenz walten zu lassen, bedeutet sich sofort zurückzunehmen, sobald der Grüblerich überzuschnappen droht. Das ist ziemlich knifflig, denn das Ich will davon natürlich nichts wissen. Es will sich von den anderen abheben, gewinnen, zeigen, dass es da ist. Es will anerkannt werden und Beachtung finden. Es will der Beste sein, der Einzige, der Schlagfertigste, der Liebenswürdigste, der Klügste, der Schönste, der Stärkste, der Geschickteste, der Schnellste, der Reichste, der Weiseste, der Bescheidenste, derjenige, der es am meisten verdient, geliebt zu werden ... *Doch niemals will es sich zurücknehmen!* Das ist wider seine Natur.

Weil dem so ist, wird heutzutage so oft von persönlicher Entwicklung gesprochen. **Unsere Welt ist ego-krank**. Sie werden Ihr Ego nicht dazu bringen, sich das klarzumachen; dazu ist es nicht in der Lage. Nur das bewusste Denken kann aufdecken, wie die Dinge wirklich liegen. Bewusstes Denken bedeutet, in einem vom Ego befreiten Geist die Intelligenz walten zu lassen.

Im Ego findet sich nämlich nicht die geringste Spur von Intelligenz. Diese zeigt sich vielmehr in der Fähigkeit, ganz in der Gegenwart zu sein, achtsam zu bleiben und die innere Einheit zu wahren, kurz: das Leben zu befördern. Intelligenz löst den Prozess des Sich-Zurücknehmens aus und ist zugleich dessen Endpunkt. Wenn im Restaurant das ichbezogene Denken findet, dass die Bedienung zu langsam ist, dann setzt die Intelligenz dem entgegen: »Ah, der Grüblerich meckert wieder einmal.« Ihr Wirken führt außerdem dazu, dass wir uns zurücknehmen und anerkennen können, dass die Bedienung sich alle Mühe gibt, ihre Arbeit gut zu machen.

Die Mönche in Nepal nennen so ein Verhalten Meditation im Handeln. An einem ruhigen Ort – am Ufer eines Sees, in den Bergen oder in einem Raum, in dem Stille herrscht – ist es ihrer Ansicht nach leicht, die Kapriolen des Grüblerichs zu beobachten. Die wahrhafte Meditation beginnt, wenn das Tierchen anfängt zu zetern.

Doch auch wenn Sie über Jahre hinweg täglich zwanzig Minuten meditiert haben, nehmen Sie sich nicht automatisch zurück, sobald Ihr Ego »die Krise kriegt«. Der Moment des Erkennens und der Bewusstwerdung stellt sich zwar immer rascher ein, doch geschieht dies nicht von selbst. Jedes Mal, wenn das Ich in Panik verfällt, gilt es, von vorn anzufangen. Bis zu dem Tag, an dem Ihr Geist dank beharrlicher Übung in solchen Situationen augenblicklich dafür sorgt, dass Sie sich zurücknehmen. An diesem Tag hat Ihr liebes Ich seinen Einfluss so gut wie verloren. Kaum fängt es an, sich zu beschweren, löst die Intelligenz den Moment des Erkennens aus, und Frieden hält Einzug.

Viele Menschen wiederholen täglich zwanzig Minuten lang ein bestimmtes Mantra (»Om, Om, Om …«), bis diese Litanei den Grüblerich zum Einschlafen bringt und das Mantra der einzige Bewusstseinsinhalt ist. Manche glauben, dadurch ihre Intelligenz zu fördern. Eine solche regelmäßige Übung kann den Grüblerich sicher für eine Weile ruhigstellen, doch sie allein reicht nicht aus, um Intelligenz zu erlangen. Hierfür bedarf es der Meditation im Handeln.

Meditation im Handeln

Ihr Partner teilt Ihnen mit, dass er Sie wegen einer jüngeren Frau verlassen wird. Einer *deutlich* jüngeren Frau. »Ein Betthäschen!«, ruft Ihr wutentbrannter Hamster in seinem Rad und eröffnet damit eine lange Schimpfkanonade. Sie können sich nun im Lotossitz hinsetzen und Ihr Mantra auf sämtlichen Vokalen wiederholen (»Om, Am, Um …«). Um Ihr Ego zu bremsen, bedarf es allerdings größerer Anstrengungen! Der Grüblerich-Orkan fegt auf seiner Bahn mit Windstärke zwölf jeden Versuch einer Beruhigung beiseite. »Dieser Mistkerl! Dieses Schwein! Ommm … Ommm … Nach allem, was ich für ihn getan habe! Ommm … Ommm … Dreckstück! Und erst jetzt traut er sich damit raus! Ommm … Ommm … Bin ich ihm etwa nicht schön genug? Oder zu alt? Habe ich zu viele Falten? Ommm … Dieses Weichei! Der wird sich noch wundern!«

Sie können die Rollen vertauschen, das Ergebnis bleibt dasselbe: Sie sind im Sturm Ihrer Emotionen gefangen. In genau diesem Moment beginnt die wahrhafte Meditation. Genau jetzt! Nichts anderes bedeutet Meditation im Handeln. Jede andere Form der Meditation, und sei sie noch so hilfreich, ist nur eine Vorstufe.

Zurück zum Sturm der Emotionen. Ihr Partner hat Ihnen also gerade mitgeteilt, dass er Sie wegen einer Jüngeren verlassen wird (oder Ihre Liebste hat Ihnen gesagt, dass sie zu einem reichen Schönling geht). Ihr Herz fühlt sich an wie zerfließende Marmelade, wie ein Topf kochender Konfitüre!

Was tun?

Setzen Sie sich zunächst gerade hin. Wenn Sie dazu nicht in der Lage sind, können Sie natürlich auch stehen bleiben, sich hinknien, sich auf den Bauch legen und mit den Fäusten auf den Boden hämmern oder sich ein Bad einlassen und untertauchen, um den Grüblerich zu ertränken. All diese Möglichkeiten stehen Ihnen offen, doch die aufrechte Position im Sitzen eignet sich am besten für das, was ich Ihnen zeigen möchte. Ich weiß, das ist nicht leicht, zumal das Tierchen jetzt den Turbo eingeschaltet hat und die Worte nur so hervorschießen.

Richten Sie nun trotz allem die Aufmerksamkeit auf Ihre Atmung – wahrscheinlich pumpen Sie gerade sämtliche Luftmassen im Umkreis von mehreren Kilometern durch Ihre Lungen. Ich weiß, dass Sie darauf nicht die geringste Lust haben, und selbst wenn Sie schon seit Jahren meditieren, haben Sie jetzt alles vergessen. Ommm ... Ommm ... Es bringt nichts. Nicht die leiseste Ahnung von innerem Frieden. Nur rasende Wut! Das Laufrad schleudert die Gedanken nur so heraus: »Wie kann er nur? Und wie konnte ich so naiv sein? Ich hab's doch schon immer gewusst ... Ich hatte recht, als ich gesagt habe, dass er sein Hirn zwischen den Beinen trägt! Wie konnte ich diesen Mann jemals lieben? Und ich liebe ihn ja noch immer! *Ich liebe ihn!* Er bräuchte nur ein Wort zu sagen ...«

Das Laufrad dreht sich wie verrückt, die Sprossen glühen. Sie bekommen keine Luft mehr. Auch wenn Sie sich noch so sehr auf Ihren Atem konzentrieren, es geht immer wieder los: »Wie konnte ich nur so blind sein? So naiv! So dumm! Aber was hätte ich denn tun können?«

Pause. Gehen wir die Sache langsam an. Beruhigen wir den Hamster. Mir ist sehr wohl bewusst, dass das wahrlich keine leichte Aufgabe ist. Ihr kurzhaariger Untermieter hat Sie vollständig im Griff. Keine einzige Gehirnzelle steht Ihnen mehr zur Verfügung, alle sind belegt vom Gefühl des Verrats, des Affronts, des Betrugs. Sie sagen sich immer wieder, dass Sie reingelegt wurden. Aber versuchen Sie dennoch, das Rad wenigstens einen kurzen Moment zum Stillstand zu bringen, um eine oder zwei Gehirnzellen frei zu machen ...

Ich betone noch einmal, es gibt nur ein Mittel, um den Hamster zu beruhigen: Aufmerksamkeit. Nur durch Aufmerksamkeit kann der Moment des Erkennens einsetzen, sodass Sie in der Lage sind, sich selbst zurückzunehmen. Richten Sie Ihre Aufmerksamkeit auf Ihre körperlichen Empfindungen, das Gefühl der Beklemmung, das Herzrasen, die Verkrampfungen, die Verspannungen. Erspüren Sie, wo das Leiden sitzt. Versteckt es sich in der Brust? Im Bauch? Welche Form nimmt es an? Sind es Zuckungen? Beobachten Sie es und konzentrieren Sie sich ganz auf Ihre Empfindungen. Geben Sie der Vergangenheit keinen Raum. Erlauben Sie sich keine Gedanken wie »Er ist genau wie mein Vater« oder andere Störgeräusche. Es ist auch so schon schwer genug. Der Grüblerich kehrt zurück, fängt von Neuem an, wehrt sich. Doch wenn Sie das Bewusstsein ganz auf die körperlichen Empfindungen richten, werden Sie feststellen, dass er allmählich träge wird und die Kräfte ihn verlassen. Und wenn der Grüblerich an Kraft verliert, lässt auch Ihr Leiden nach.

Führen Sie sich vor Augen, dass Ihr Hamster Angst hat, die Existenz zu verlieren. Er stellt Vergleiche an. »Was hat sie denn schon zu bieten, dieses Flittchen, außer dass sie jung ist? Sie kocht garantiert nicht so gut wie ich! Dass er jeden Abend Fußball guckt, wird ihr schon bald gehörig auf die Nerven gehen. Und wer wäscht dem Herren dann eigentlich die Unterhosen? Bestimmt nicht diese liederliche Göre! Eine halbwüchsige dumme Gans wie sie wird einem alten Sack wie ihm ja wohl nicht den Hintern abwischen!« Und so weiter, und so weiter ...

All die mühevolle Identifikation, all die im Lauf der Jahre sorgfältig eingeübten Rollen geraten ins Wanken: »Kochen, waschen, den Haushalt führen – niemand kann das so gut wie ich! Ich bin einzigartig, denn nur ich habe das so lange ertragen.« Ihr Hamster, der ja etwas ganz Außergewöhnliches ist, hat Angst, sein Leben zu verlieren. Für all das, was er war und was er getan hat, erfährt er plötzlich keine Anerkennung mehr. Als gäbe es ihn nicht mehr und als hätte es ihn nie gegeben.

In so einer Lage tappt er leicht in die Falle der persönlichen Entwicklung. »Jetzt kann ich mich endlich um mich selbst kümmern! Ich werde eine so faszinierende Frau werden, dass er es bis ans Ende seiner Tage bereuen wird, mich verlassen zu haben! Ich werde keinen einzigen Gedanken mehr an ihn verschwenden! Endlich kann ich die werden, die ich schon immer sein wollte. Und seine kleine Schlampe wird sich noch umschauen. Sie wird ihm niemals geben können, was nur ich ihm geben konnte.« Und so weiter, und so weiter ... Grübeleien ohne Ende.

Der menschliche Geist grübelt viel, doch er denkt nur wenig. Denken hat Handeln zur Folge; Gegrübel führt zu nichts. Es dreht sich nur um sich selbst und verursacht Leid. Denken erwächst aus Intelligenz, Gegrübel ist nur neuronales Geplapper. Denken dient dem Bewusstsein, Gegrübel dient dem Ego. Gegrübel ist nur ein kurzes geistiges Ereignis, das rasch vorübergeht. Ein Stromstoß in den Kabeln. Und der Grüblerich gibt dem Gegrübel unaufhörlich neue Nahrung: »Ich habe ihm nichts bedeutet! Nichts ... nichts ... nichts ... nichts.« Und dieses kleine Wort – *nichts* – schmerzt jedes Mal aufs Neue.

Wenn im Geist nur noch das voll entfaltete Bewusstsein herrscht – ein Zustand, der durch Meditation im Handeln erreicht werden kann –, ist das Ich nicht mehr darauf angewiesen, geliebt zu werden. Dann unternimmt der Grüblerich auch nicht mehr alle möglichen Dinge, wie etwa sich prostituieren, lügen oder sich in einem Bus in die Luft sprengen, durch die er in seinen Augen (oder in den Augen der anderen, was auf dasselbe hinausläuft) an Wert gewinnt. Er hat kein Verlangen mehr danach, irgendeinen Wert zu haben, denn sein Rad steht still. Übrig bleibt nur das Leben ... im Dienste des Lebens.

///

Psychotherapie

In der westlichen Welt verstehen wir unter Magie die Kunst, Illusionen zu erschaffen. Für die Tibeter besteht die höchste Form der Magie darin, Illusionen zu zerstören.[5]

Der entscheidende Wandel in der Geschichte der Menschheit ereignete sich nicht bei der Entdeckung Amerikas oder der Landung auf dem Mond, sondern als der Grüblerich Besitz vom menschlichen Geist ergriffen hat. Dieses Ereignis war wegweisend für die Entste-

---

5 Aus dem Dokumentarfilm *Destroyer of Illusion. The Secret World of a Tibetan Lama* von Richard Kohn.

hung seelischen Leidens, wie wir es heute kennen, und schuf ernsthafte Gefahren für das Leben auf diesem Planeten.

Um dieses Leiden zu mildern, haben die Menschen die Psychotherapie erfunden. Sie gehört zum Raffiniertesten, was die Evolution hervorgebracht hat. Eine kluge Methode, die es uns erlaubt, so gut wie möglich miteinander auszukommen. Etliche Formen der Psychotherapie mildern das Leiden jedoch nicht im Geringsten. Weshalb ist das so? Kurz gesagt: weil sie darauf abzielen, dass das Ich sich entwickelt, und nicht, dass es sich zurücknimmt.

Während des Medizinstudiums habe ich die Schriften Sigmund Freuds im Überblick kennengelernt. Dieser weltberühmte Neurologe ist unbestreitbar einer der Väter der Psychotherapie, und allein dafür gebührt ihm aufrichtiger Dank.

Er hat einen Großteil seines Lebens mit der Erforschung des Ich verbracht, doch ihm ist niemals klar geworden, dass es sich dabei um einen Hamster handelt. Das kann man ihm allerdings nachsehen, denn er hat gleichwohl deutlich gemacht, dass das Ich stark dazu neigt, sich zu verteidigen, also seine Integrität mithilfe unbewusster Mechanismen wie Rationalisierung oder Verleugnung zu bewahren. Er hat entdeckt, dass das ichbezogene Denken in dem psychischen Zusammenhang, in dem es steht, durch Rationalisierung (»Das liegt nur an ...«) oder Verleugnung (»Das war ich nicht«) ein makelloses Bild von sich aufrechtzuerhalten sucht. Denn es könnte ja verurteilt werden (wie vor Gericht), und dann liefe es Gefahr, zu verschwinden (und keinen Schaden mehr anzurichten!). Freud hat ebenfalls herausgefunden, dass die Gründe für diese Verteidigungshaltung des Ich in der Vergangenheit liegen. Wenn etwa das Gehirn eines Fünfjährigen nach dem Vortrag eines Gedichts gesagt bekommt: »Das hast du gut gemacht, ohne einen einzigen Fehler!«, interpretiert es diese Worte dahingehend, dass es künftig keine Fehler machen darf, wenn es als brav angesehen und gelobt (und somit geliebt und beschützt) werden will. So entwickelt das junge Gehirn aus dieser völlig harmlosen Situation heraus den Glauben, es müsse den anderen gegenüber ein makelloses Bild abgeben, damit sein Überleben gesichert ist. Der Grüblerich wird somit zum Wächter seines eigenen Bildes. Ein Wachhamster!

Wenn in einer angespannteren Situation die Gehirnzellen Faustschläge oder sexuelle Gewalt registrieren, wird das kleine Gehirn alles unternehmen, damit solche Misshandlungen sich nicht wiederholen. Das ist eine normale Reaktion. Jede Form von Leben versucht Leid zu vermeiden. Dabei hilft unter anderem die Erinnerung, indem sie Angenehmes präsent hält und das Leiden ausblendet. Problematisch wird es (ich habe das bereits erwähnt, doch es ist von so großer Bedeutung, dass ich es noch einmal betone), wenn das ichbezogene Denken den Film mit den Faustschlägen und der sexuellen Gewalt ständig wiederholt und dadurch in die Falle der Identifikation tappt. Mit anderen Worten: Aus dem Trauma wird ein traumatisierter Mensch, die Wunde wird zum Ich.

Rufen wir uns noch einmal in Erinnerung, was das Ich seinem Wesen nach ist: Aufzeichnungen, die sich für einen lebenden Organismus halten! In diesem Punkt lag Freud falsch, wenn auch nicht aus eigener Schuld. Er hat sein Leben damit verbracht, sich Aufzeichnungen (die Erzählungen seiner Patienten) anzuhören und ist dabei in die Falle getappt. Wie seine Schriften belegen, war er schließlich davon überzeugt, das Ich sei ein lebender Organismus. Die Erlebnisberichte, die versteckten Wunden und die unterschiedlichen Traumatisierungen (Vernachlässigung, Zurückweisung, Vergewaltigung usw.) haben ihn zu dem berechtigten Schluss veranlasst, dass die Erinnerungen es dem Geist unmöglich machen, in der Fülle zu leben. Wie mir scheint, hat Freud dabei jedoch übersehen, dass ein traumatisierter Geist dennoch in manchen Augenblicken in der Lage ist, sich von den Erinnerungen zu befreien, und das nicht, weil die Aufzeichnungen verschwinden (sie sind unzerstörbar), sondern weil das Gehirn, in dem sie gespeichert sind, eine andere Form der geistigen Aktivität ausüben und den Bewusstseinszustand der Gegenwärtigkeit annehmen kann. Diese Form der Intelligenz, die den Prozess des Sich-Zurücknehmens auslöst, besitzt der Geist von Natur aus.

Freud hat nicht erkannt, dass der Raum, den der Grüblerich normalerweise einnimmt, wieder verfügbar und ein Teil des Bewusstseins wird, sobald das Tierchen seine Hatz im Laufrad beendet. Die Signale der Radaranlagen und der Antennen werden nicht mehr vom Lauf des Hamsters gestört. Das Bewusstsein ist mit allem verbunden, was lebt.

Wenn das Bewusstsein dann wieder in die Fänge der Angst gerät, so ist es in der Lage, diese Angst zu beobachten, ihre körperlichen Manifestationen und die Grübeleien, die sie nähren, zu erkennen. Dann kann es sich selbst zurücknehmen und wieder in eine Verfassung zurückkehren, in der es geben und nehmen kann.

Die Psychotherapie nimmt dann eine gänzlich andere Richtung. Statt jahrelang auf eine Stärkung des Ich hinzuarbeiten, damit es sich nicht mehr (unbewusst) zu verteidigen braucht, lernt der Geist, sich selbst zurückzunehmen. Wenn er die dafür erforderliche Energie aufbringt, kann er diesen Prozess jederzeit in Gang setzen, sobald der Grüblerich auch nur die Nasenspitze hervorstreckt. Dann ist Schluss mit dem Rennen auf der Stelle und dem Abstrampeln in der Leere, und der Weg in die weiten Regionen des Selbst ist frei.

Manchmal ist jedoch das Nicken des Therapeuten die einzige Form der Aufmerksamkeit, die der Grüblerich erfährt. Diese Art des Zuhörens birgt die Gefahr, dass der Grüblerich immer mehr Raum einnimmt. Zahlreiche Therapeuten sorgen Woche um Woche dafür, dass er wächst, indem sie ab und an ein »Aha« oder ein »Mhm« fallen lassen. Durch diese kurzen Silben nimmt das Tierchen rasant an Gewicht zu! Es fühlt sich, als bekäme es mit einem Mal die Bedeutung, die es niemals hatte. Man redet ihm nach dem Mund und sein Rädchen dreht sich mit Leichtigkeit. In der Folge bläst sich der Grüblerich im Handumdrehen auf wie ein Heißluftballon und steigt in Höhen, in denen der Geist jede Bodenhaftung verliert. Dadurch wird sein Leiden jedoch nicht im Geringsten gelindert. Im Gegenteil: Auch wenn er den Kontakt zum Boden verloren hat, kehrt sein Leiden mit jeder Umdrehung seines Rades unaufhörlich wieder.

Wahrhafte Freiheit besteht weder in politischer noch in wirtschaftlicher oder religiöser Freiheit. Nur neuronale Freiheit ist wahrhafte Freiheit! Sie schlägt sich in der Stille des Geistes nieder, der eine Fähigkeit zum Zuhören innewohnt, die frei von jeder Erwartung und jeder Illusion ist. Diese Fähigkeit zum Zuhören sagt niemals: »Ich liebe dich bedingungslos«, denn eine solche Aussage wäre absurd. Wie sollte die Liebe denn an Bedingungen geknüpft sein? Eine Liebe, die Bedingungen stellt oder es ablehnt, dass ihr Bedingungen gestellt werden, ist keine Liebe mehr. Sie setzt ihren Saugnapf auf die Haut des anderen und saugt ihm hemmungslos das Leben aus den Adern, manchmal bis ans Ende seiner Tage! Eine Liebe, die nicht bedingungslos ist, gleicht einer Laus! Und wer sich in Therapie begibt, um die Liebe zu finden – vielleicht weil er sie nie erfahren hat –, wird sie nur erleben, wenn sein Ich lernt, sich zurückzunehmen.

Bisweilen ersetzt ein Freund den Therapeuten. Indem er schweigt und zuhört und ab und an einige Worte sagt, hilft er dem Grüblerich, seinen Käfig zu verlassen. Diese Befreiung kennt keine Bedingungen!

Ein Freund ist der ideale Helfer bei einer bedingungslosen Befreiung. Weder schmeichelt er dem Ich, noch ermutigt er es, schneller zu rennen. Er ist gegenwärtig und sein eigenes Ego versucht nicht zu zeigen, dass es weiß, was zu tun ist. Er gibt nur zu erkennen, dass er das Leiden sieht und dass er mitfühlt und versteht. Nie würde er es leugnen; im Gegenteil, er nimmt es an. Wenn er wahrhaft gegenwärtig ist, kann er vielleicht durch eine Geste oder ein Wort darauf hinweisen, dass es noch etwas anderes gibt als dieses verfluchte Laufrad, dem bislang dermaßen viel Bedeutung beigemessen wurde.

Dass es noch etwas anderes gibt als dieses Ich, das jahrhundertelang so hoch geschätzt wurde, und dass dieses andere das reine Gegenwartsbewusstsein ist, die simple, schlichte Aufmerksamkeit, die auf das Leben in all seinen Formen gerichtet ist. Wenn sich dieses Gegenwartsbewusstsein einstellt, wird jede Therapie überflüssig.

///

10
Sich zurücknehmen mit Unterstützung der Sinne

Weil wir nicht aufhören, mit uns selbst zu sprechen, spricht nichts mehr zu uns.

Pema Chödrön

Wenn man sich in einer kritischen Situation selbst zurücknimmt, kann das äußerst wohltuend sein. Damit das gelingt, muss eine durchlässige Verbindung zwischen dem Geist und den Sinneswahrnehmungen bestehen und der Grüblerich darf nicht an den Leitungen knabbern und die Übertragung stören.

Im Folgenden möchte ich einige Übungen beschreiben, die es Ihnen ermöglichen werden, sich mit Freude zurückzunehmen. Dabei sollten Sie stets im Blick haben, worauf Ihre Aufmerksamkeit gerade gerichtet ist. Einfache Fragen können Ihnen dabei helfen: Worauf habe ich meine Aufmerksamkeit in diesem Moment gerichtet? Ist sie vom Schauspiel des Lebens gebannt oder nimmt der Grüblerich sie in Anspruch? Dient sie meinem aufgeplusterten Ego oder ist sie auf meine Sinneswahrnehmungen gerichtet?

Sehen

Wie nehmen Sie ein Gesicht wahr? Macht sich der Grüblerich Sorgen, weil die Börsenkurse in den Keller gehen und Ihr Bausparvertrag nichts mehr wert ist, während jemand Sie anlächelt und mit Ihnen spricht? Schleudert er Grübeleien hervor wie »Eine Katastrophe! Der DAX ist um 15 Prozent nach unten gerauscht, das ist der schlimmste Absturz seit zwanzig Jahren. Ich bin ruiniert! In einem Jahr wollte ich in Rente gehen. Wenn das so weitergeht, liege ich schon bald unter der Erde und leiste den Würmern Gesellschaft!«? Ist Ihnen schon einmal aufgefallen, dass Ihre Augen nutzlos werden, sobald der Grüblerich mit solchen Dummheiten anfängt? Sie sind mit völliger Blindheit geschlagen. Für die Schönheit des Gesichts, das Sie ansieht, ist in Ihrem Geist kein Platz mehr. Der Hamster hat den Laden fest im Griff.

Sind Sie in der Lage, ein Gesicht zu betrachten, ohne es zu beurteilen? Ohne etwa zu sagen, dass Sie es wunderschön finden mit seinen glänzenden, schwarzen Augen? Versuchen Sie es einmal, jetzt gleich. Wenn kein Gesicht in Ihrer Nähe ist, nehmen Sie irgendeinen Gegenstand (eine Uhr, eine Seifenblase, einen Fingerhut ...). Richten Sie Ihre gesamte Aufmerksamkeit auf die Form mit ihren Linien und Konturen, ohne sie zu kommentieren. Versuchen Sie, es sofort zu registrieren, wenn der Grüblerich sich meldet. Beobachten Sie, wie seine Worte gegen die Wände Ihres Geistes knallen. Machen Sie sich klar, dass Sie dann nicht mehr bei dem Gesicht sind (oder der Uhr, der Seifenblase, dem Fingerhut), sondern bei Ihrem Hamster.

Kehren Sie nun mit der Aufmerksamkeit zu dem Gesicht oder dem ausgewählten Objekt zurück. Betrachten Sie es mit Ihrem ganzen Bewusstsein. Augen, Nase, Mund ..., bis Ihr

Geist von nichts anderem erfüllt ist, vor allem von keinem einzigen Wort mehr. Nur noch die Farben, das Spiel des Lichts ... Sonst nichts, keine Bemerkungen, keine Urteile. Nur das von Stille umhüllte Gesicht genau in der Mitte Ihres Kopfes ... Die Uhr oder der Fingerhut auf der Leinwand Ihres Geistes, ausschließlich in Nahaufnahmen und ohne Ton. Genießen Sie das Wohlbefinden, das Sie durchströmt!

Hören

Wie nehmen Sie die Stimme eines geliebten Menschen wahr? Hören Sie sie wirklich? Ist es schon einmal vorgekommen, dass Sie nur die Stimme des anderen im Kopf hatten, mit ihrem Klang, ihren Modulationen, ihrer Musikalität? Nur die Stimme des anderen und nicht Ihre eigene, die aus den Lautsprechern in Ihrem Innern tönt und überdeckt, was Ihnen anvertraut wird.

Sind Sie schon einmal beschimpft oder kritisiert worden, ohne dass der Grüblerich die Krallen ausgefahren und die Zähne gefletscht hat? Etwa mit einer Bemerkung wie »Du fette Kuh!« oder »Du kannst wirklich überhaupt nichts! Da bringt ja selbst eine gehirnamputierte Muschel mehr zustande!«. Haben Sie so etwas schon einmal gesagt bekommen, ohne dass der Hamster angefangen hat zu zittern und hysterisch zu werden? Können Sie solche Angriffe wegstecken, ohne dass Ihr Ich an den Gitterstäben des Käfigs in Ihrem Kopf rüttelt? Wenn ich Ihnen etwa sage, dass Sie wirklich ein Fettsack sind und es als Einziger nicht bemerken – können Sie dann aufmerksam den Weg verfolgen, den diese Worte in Ihrem Geist nehmen? Können Sie zusehen, wie das

Laufrad sie hin- und herschwingen lässt: »Fettsack … Fettsack … Fettsack!«? Können Sie sie mit Ihrem Bewusstsein umzingeln, bevor sie sich dauerhaft einprägen? Ich bin sicher, Sie können es!

Das bewusste Denken kann eine Beleidigung als das nehmen, was sie ist, nämlich Hamsterdreck, und sich sagen: »Sieh an, eine Beleidigung … Sie hat sich hereingeschlichen und verbreitet jetzt ihr Gift.« Aber dieses Mal setzt Ihr Bewusstsein ihr Grenzen. Die Worte treiben umher, ohne irgendwo anzudocken, und dem Grüblerich gelingt es nicht, sein Rad in Schwung zu bringen. Anders als sonst kehren die Worte nicht unablässig wieder: »Du Fettsack …!«, »Du Niete …!«, »Du mieser Kerl …!« Seltsamerweise setzt sich die Beleidigung nicht fest, sondern löst sich allmählich auf und verschwindet bald ganz aus den neuronalen Schaltkreisen. Und auch das Ich ist nicht mehr da, um sie ins Leben zu rufen.

Was ich eben beschrieben habe, gilt übrigens auch für Lobreden. Der Grüblerich liebt es, gelobt zu werden! Lobreden verleihen dem Ich neuen Schwung. Der Grüblerich wird leicht abhängig von ihnen und leidet dann, wenn sie ausbleiben. Sind Sie in der Lage, den Weg zu verfolgen, den Lobreden in Ihrem Kopf nehmen? Schaffen Sie es, sich nicht an den Gefühlen festzuklammern, die sie auslösen? Werden Sie misstrauisch, wenn jemand zu Ihnen sagt: »Sie sind der klügste Mensch, der mir je begegnet ist«? Fassen Sie in so einer Situation in aller Ruhe folgende Gedanken: »Wie oft wird der Grüblerich diese Lobreden wohl polieren, so wie kostbare Gegenstände? Sie sind genauso nichtig wie Beleidigungen. Sie sind nichts anderes als Grübeleien, die durch den Schaltkreis im Gehirn fließen.«

Riechen

Muss ich Ihnen nach dem Gesagten noch erklären, welche Möglichkeiten Ihnen Ihre Nase eröffnet? Muss ich die Aufmerksamkeit Ihres bewussten Denkens auf das Bouquet eines Weins lenken, damit ihr Ich nicht mit den anderen Grüblerichen der Runde in einen Wettstreit in Sachen Weinwissen verfällt?

Schmecken

Ist Ihnen schon einmal aufgefallen, dass der Grüblerich auch dann keine Ruhe gibt, wenn Sie essen? Auch wenn Sie vor Ihrem Leibgericht sitzen, hält er sein Laufrad in Schwung, etwa so: »Verdammt, meine Mutter hatte gestern Geburtstag und ich habe doch glatt vergessen, sie anzurufen. Da werde ich mir wieder so einiges anhören müssen!« Richten Sie Ihre Aufmerksamkeit lieber auf das, was Ihre Geschmacksknospen stimuliert, und machen Sie sich bewusst, was es heißt, *im Hier und Jetzt zu leben.*

Tasten

Wissen Sie, was es bedeutet, jemanden zu liebkosen? Wissen Sie, dass eine wahrhafte Liebkosung nicht den geringsten Mucks des Grüblerichs enthält? Nur ein Geist, der sich vom Bedürfnis nach Liebe und Anerkennung befreit hat, kann ganz in einer Liebkosung aufgehen und besitzt das Vermögen, eine echte Verbindung zwischen sich und einem anderen Bewusstsein herzustellen. Sind Sie wirklich ganz in Ihren Fingerspitzen, wenn Sie ein Kind an Ihre Brust drücken? Ist Ihre Aufmerksamkeit wirklich ganz in Ihren Händen, wenn Sie das Kind wiegen, während sich seine Zähne auf schmerzhafte Weise einen Weg nach draußen bahnen? Legen Sie wirklich Ihr ganzes Bewusstsein in Ihre Arme, wenn Sie den alten Mann umarmen, der Ihnen das Leben geschenkt hat?

Leben Sie wirklich ganz im Moment?

11
Ego oder nicht Ego?

Nicht die großen Tragödien bringen einen Menschen ins Irren-
haus, nicht der Tod seiner Liebsten, sondern der Schnürsenkel,
der reißt, wenn man es eilig hat.

Charles Bukowski

Nach dem bisher Gesagten möchte ich nun mit Ihnen eine
Kontrollübung machen, bei der es darum geht, das bewusste
Denken vom aufgeplusterten Ich zu unterscheiden und Grü-
beleien von ichfreien Gedanken.

Zu diesem Zweck wollen wir uns Beispiele aus dem Alltag
ansehen. Der Alltag bereitet dem Grüblerich maßlose Langeweile, denn er gibt ihm keine Gelegenheit zu brillieren, keine
Möglichkeit, sein außerordentliches Treiben vorzuführen.
Der Alltag kennt keine Medaillen, keine Trophäen, keine
Reichtümer. Ihm fehlt jede Besonderheit, er besteht nur aus
den tausendfach wiederholten Handgriffen, wie sie etwa das
Leben eines Arztes oder einer Krankenschwester ausmachen:
das Bettzeug eines inkontinenten Patienten wechseln, einen
geistig Behinderten anleiten, einen gewalttätigen Patienten
bändigen, einem Sterbenden den Mund abwischen usw. Während der Grüblerich sich beim Gedanken an diese Tätigkeiten
in Selbstverachtung suhlt (»Was für einen widerlichen Beruf
habe ich doch!«), weiß das bewusste Denken dagegen nur zu
gut, welches Glück in ihnen liegt. Wir müssen also das aufge-
plusterte Ego, das der ganzen Welt und am meisten sich selbst
auf die Nerven geht, vom bewussten Denken unterscheiden,

das vollkommen frei vom Ego ist und von niemandem etwas verlangt. Ohne sich dessen bewusst zu sein, haben Sie im Alltag schon eine Menge Gedanken, in denen jede Spur des Ego fehlt.

▶ Das ichfreie Denken bringt die Menschen dazu, ein Aspirin zu nehmen, wenn der Grüblerich ihnen Kopfschmerzen verursacht (das Drehen des Rades kann in bestimmten Gehirnzellen Irritationen hervorrufen, die heftige Entladungen zur Folge haben). Das ichfreie Denken hinterlässt auch einen Zettel auf dem Küchentisch mit der Erinnerung, Brot zu kaufen, und kritzelt noch dazu: »Hab dich lieb, mein Schatz«. Wenn aber alle ausgeflogen sind und das Haus leer ist, ruft das Ego: »Ist hier nicht einmal jemand, der mir Guten Morgen sagt?« Ein völlig sinnloser Gedanke!

▶ Das Ego ist den ganzen Tag auf Achse. Es hetzt sich ab, weil ihm ein geringeres Tempo niemals erlauben würde, all die furchtbar wichtigen Dinge zu erledigen, die es zu erledigen hat. Das bewusste Denken hingegen beobachtet das Treiben der Menschen und fragt: »Wozu?«

▶ Das bewusste Denken sorgt dafür, dass ein Stau nicht in einer Massenkarambolage endet und dass der Mittelfinger unten bleibt, der sonst so gern als Zeichen der Überlegenheit gebraucht wird. Das Ego dagegen streckt ihn in die Höhe und brüllt seinen Nachbarn an: »Du Vollpfosten!« Eine völlig sinnlose Äußerung, nebenbei fallen gelassen, um das Zusammenleben zu erleichtern.

▶ Das bewusste Denken entscheidet, ob die Nahrungsaufnahme am besten mit einem Fläschchen, einem kleinen Löffel, einem Strohhalm oder einer Spritze erfolgt. »Nur noch ein kleiner Happen, Frau Müller!« Darüber hinaus sorgt es sich um die Gesundheit der anderen und erteilt Ratschläge, die sich auf wissenschaftliche Erkenntnisse stützen: »Nicht zu viel Zucker, nicht zu viel Salz!« Das Ego dagegen spricht Verbote aus, die auf einem Glauben gründen, den es sich ausgedacht hat: »Kein Schweinefleisch! Kein Rindfleisch! Nichts, was heilig ist, verstanden?« Ja, selbst der Kopf eines Schweines kann ein heiliger Gegenstand werden, wenn der Grüblerich die Finger im Spiel hat!

▶ Das bewusste Denken rät den Menschen, sich nicht weiter den Bauch vollzuschlagen, wenn sie keinen Hunger mehr haben, während das Ego nach dem dritten Teller in Depressionen fällt: »Ich bin undiszipliniert, ich habe einen schwachen Charakter, ich bin nichts wert!« Weil es sich so deprimiert fühlt, holt es sich einen vierten Teller, und sein Therapeut erklärt ihm, dass es seine Emotionen aufisst. Dann bringt der Grüblerich sein Rad in Schwung: »Ich habe nur ein Leben, das stimmt. Morgen höre ich auf. Oder übermorgen. Oder ... oder ... oh ... oh ... huii ... huii!« Und damit die vier Teller jedes Mal voll werden, fischt das Ego die Ozeane leer. Dabei redet es sich unerbittlich ein, dass diese Salzwasserbecken groß genug sind, damit das Leben darin von allein nachwächst! Es glaubt allen Ernstes, dass sich irgendwo schon noch ein Fisch finden wird, mit dem alles wieder von vorne anfangen kann, ein Fisch, der schlau genug ist, die ganze Sache wieder zum Laufen zu bringen.

▶ Wenn das bewusste Denken den Müll hinunterbringt, hat es dabei ein Lied auf den Lippen. Das Ego dagegen meckert: »Warum muss immer ich den Müll hinunterbringen?«

▶ Das bewusste Denken bleibt gelassen, während es das Klo putzt oder den Fußboden schrubbt, kocht mit Freude Marmelade ein oder bereitet Suppe zu, drückt einen liebevollen Kuss auf das aufgeschlagene Knie, zieht mit unendlicher Vorsicht Splitter aus dem Daumen, stopft mit größter Sorgfalt Socken ... Und wenn das Fernsehen zum Beweis eine Sendung ausstrahlen würde mit dem Titel »Niemand spricht darüber«, so wäre das ein Irrtum, denn das Ego würde sich sehr wohl all dieser Heldentaten rühmen!

▸ Das bewusste Denken spendet einer Stiftung, die gegen den Krebs kämpft, eine beträchtliche Summe und bleibt dabei anonym, das Ego dagegen hält vor laufenden Kameras den großen Scheck aus Pappe in die Höhe und erscheint mit diesem Bild in den Zeitungen.

▸ Das bewusste Denken verzichtet darauf, noch einen Whisky zu trinken, bevor es sich ans Steuer setzt, und ebenso verhindert es, dass nach dem fünften Glas die Ohrfeigen fliegen. Das Ego jedoch fantasiert vor sich hin, um zu verdrängen, wie viele Flaschen es bereits intus hat ...

So weit diese Übung. Am besten führen Sie sie mehrmals täglich durch!

12

Das Zeitlose entdecken

Wir müssen die seelischen Fähigkeiten in uns entdecken, die niemals altern.

Marie de Hennezel

Wenn ich meine Patienten frage, was sie zu mir führt, bekomme ich oft zu hören: »Ich will der werden, der ich bin. Ich will ich selbst werden.« Leider spricht hier meistens das Ego, das kleine Ich, das groß werden will, einzigartig, liebenswert, unangreifbar. Da das kleine Ich jedoch eine Illusion ist, kann es niemals es selbst werden. Eine Illusion bleibt eine Illusion, selbst wenn sie wächst. Das kleine Ich verhindert, dass wir Menschen das werden, was wir wirklich sind.

Was aber sind wir wirklich? Ganz einfach: Wir sind die seelischen Fähigkeiten in uns, die niemals altern. Die Fähigkeit zu lieben, zu betrachten, zu genießen, zu geben, zu erschaffen, zu lernen, zu überliefern ... Diese Fähigkeiten haben nichts mit dem völlig sinnlosen Vorgang der Identifikation zu tun, sei es mit einem Land, einem Auto, einer Meinung, einer Idee, dem eigenen Äußeren oder einer Dessousmarke. Womit auch immer sich das kleine Ich identifiziert, all das altert, stirbt, zerfällt, verschwindet. Was auch immer beim ichbezogenen Denken die Ausschüttung von Glückshormonen auslöst – nur um die Illusion der Einzigartigkeit aufrechtzuerhalten –, ist nichts als Betrug und eine Farce.

Heutzutage drehen sich bei den meisten Menschen die Laufräder in dieselbe Richtung. Wenn Sie ganz genau hinhören, werden Sie feststellen, dass sie alle dasselbe Geräusch von sich geben: »Wenn ich mich nicht einzigartig fühle, geht es mir nicht gut!« Die Hamster rennen, um sich in der Gewissheit zu bestärken, dass sie einzigartig und die Besten sind.

Der amerikanische Psychologe Abraham Maslow (1908–1970) – dessen Arbeit ich in großen Teilen schätze – hat 1943 ein Modell entwickelt, das die menschlichen Bedürfnisse in einer hierarchischen Ordnung darstellt. Dieses Modell, bekannt geworden als Maslow'sche Bedürfnispyramide, teilt die menschlichen Bedürfnisse in fünf Kategorien. Dies sind, von unten nach oben: Überleben / psychologische Bedürfnisse, Sicherheit, soziale Bedürfnisse, Individualbedürfnisse / Anerkennung, Selbstverwirklichung. Jedes dieser Bedürfnisse regt sich erst dann, wenn das der darunterliegenden Stufe befriedigt ist. Kein Mensch wird sich um Anerkennung bemühen, wenn er Hunger leidet. Die Spitze der Pyramide bildet jenes Bedürfnis, das Maslow als das höchste angesehen hat: die Selbstverwirklichung.

In einer vom Ego bestimmten Welt steht diese Pyramide auf sicherem Boden, doch in der Welt des bewussten Denkens bricht sie zusammen. Verwirrt Sie diese Behauptung? Dann fragen Sie sich einmal: Wenn jemand mit behutsamen Bewegungen einen inkontinenten Greis wäscht – wo ist dann das Ego auf der Pyramide anzusiedeln? Auf der obersten Stufe? Hat es sich selbst verwirklicht? Kann das Ich sich mit einer so gewöhnlichen Handlung von den anderen abheben? Wird es dadurch das einzigartige Ich, für das es sich hält?

Wie mir scheint, hat Maslow einen Aspekt außer Acht gelassen: Wenn eine solche Handlung die Folge des bewussten Denkens ist, so verschwindet jedes Bedürfnis nach Anerkennung, ebenso wie das Leiden an mangelnder Anerkennung.

Wenn man sich selbst zurücknimmt, löst sich das Bedürfnis nach Selbstverwirklichung auf. Im bewussten Denken hat das Bedürfnis, man selbst zu sein, keinen Sinn mehr.

Hätte Maslow erkannt, dass das Selbst (mit seinem Bedürfnis, sich zu verwirklichen) ein Hamster ist, so hätte er seine Pyramide vielleicht nie entworfen. Er hätte vielmehr erkannt, dass der gänzlich vom bewussten Denken gelenkte Geist keine Stufen mehr erklimmen will, da er sich bereits vollständig verwirklicht hat. Maslow hätte verstanden, dass der menschliche Geist dann nichts mehr braucht.

Und zum Teufel mit der Pyramide!

Übung

Um diese Überlegungen zu vertiefen, möchte ich nun mit Ihnen eine Übung machen, die erkennen lässt, ob und wie weit sich das Ich verwirklicht hat.

- ▶ Muss das Ich mehrfacher Millionär sein?
- ▶ Muss sein Bild auf den Titelseiten erscheinen?
- ▶ Muss es im Supermarkt an der Ecke erkannt werden?
- ▶ Müssen seine Werke bewundert werden? Muss sein Album an der Spitze der Charts stehen oder müssen seine Bilder in einer New Yorker Galerie ausgestellt werden?
- ▶ Muss es den König vom Thron stoßen?
- ▶ Müssen sich die Leute nach ihm umdrehen (»Seht nur, wie schön er in seinem Laufrad ist!«), seine Worte zitieren und es um ein Autogramm bitten?
- ▶ Muss es eine Gehaltserhöhung bekommen?
- ▶ Müssen ihm die anderen stets zuhören, wenn es spricht?
- ▶ Muss jemand seine Biografie schreiben?

▶ Was genau braucht es, um ohne jeden Zweifel festzustellen, dass es sich selbst verwirklicht hat? Bedenken Sie diese Frage ernsthaft und gründlich.

Zu welcher Antwort kommen Sie? Meine Antwort lautet: nichts von alldem!

Erfolg führt zu einem unmittelbaren, aber kurzlebigen Glücksgefühl (beim Gewinn einer olympischen Medaille spricht man von zwei Monaten). Erfüllung hat jedoch nichts mit Erfolg zu tun.

Erfüllung entsteht nur in der unbedingten Hingabe an das, was lebt, und nicht an das, was tot ist. Heldentaten, Erfolge, Preise – all das ist in dem Moment, in dem es sich einstellt, schon vergangen und nur noch eine Aufzeichnung auf der Festplatte Ihres Gedächtnisses. Belohnungen sind nicht das Leben, sondern nur Hirngespinste Ihres Hamsters. Sie erlauben es ihm, sich einzigartig zu fühlen. Doch niemals sind sie das Leben selbst, das in uns pulsiert in der Absicht zu lieben. Niemals!

Das Leben hat es nicht nötig, sich einzigartig zu fühlen oder sich eine Identität zu verschaffen.

13

»Im Augenblick leben« – was heißt das eigentlich?

Zwei Dinge sind unendlich: das Universum und die menschliche Dummheit. Aber beim Universum bin ich mir noch nicht ganz sicher.

Albert Einstein

Kürzlich saß ich im Wartezimmer einer gastroenterologischen Klinik. Ich hatte einen Termin bei dem Spezialisten, bei dem ich seit einem Jahr wegen eines Magenleidens in Behandlung bin. Als der Arzt den Raum betrat und den nächsten Patienten aufrief, bekam der Mann neben mir einen Wutanfall: »Ich bin dran, ich war vor ihm da! Das lasse ich mir nicht bieten. Denen werde ich zeigen, wie man mit Patienten umgeht. Die Frau am Empfang hat Schuld, die bringt alles durcheinander!« (Hier können Sie eine ganze Reihe mehr oder weniger blumiger Ausdrücke hinzufügen.)

Ich sah förmlich, wie der Grüblerich in seinem Kopf anfing zu rennen, und dachte: »Jetzt geht's los, der Grüblerich ist in seinen Ferrari gestiegen! Wenn er noch mehr Fahrt aufnimmt, dann wird's gefährlich. Und nicht die geringste Spur von bewusstem Denken, das das Tierchen bremsen würde.« Die Empfangsdame stand auf und zeigte dem Mann das Schild an der Tür: *Verbale Ausfälle werden nicht geduldet.* Daraufhin schwieg mein Nachbar, doch seine Miene ließ erkennen, wie sehr sich sein Grüblerich beherrschen musste. Ironie des

Schicksals: Der Mann war wegen einer Erkrankung des Verdauungstraktes hier, eines Geschwürs oder einer Krebserkrankung, und während er jetzt auf Behandlung wartete, verschlimmerte er sein Leiden! Wo war nur seine Intelligenz geblieben? Verdrängt vom Ich, das lauthals seinen Platz einforderte!

Mit ein wenig Übung hätte sich der Mann in dieser Situation ohne Weiteres zurücknehmen können. Er hätte die Aufmerksamkeit auf seine Reaktion richten können, vom ichbezogenen zum bewussten Denken übergehen und sich bei der Gelegenheit mit seinem Nachbarn über das Wüten des Ego austauschen ...

Doch Vorsicht! Ich will Sie nicht zur Selbstverleugnung bewegen. Sich zu verleugnen, führt nicht dazu, dass man sich zurücknimmt. Das Ich kann diese Haltung sogar missbrauchen, um seine Einzigartigkeit zu unterstreichen: »*Ich* bin nicht ungeduldig. Ich beruhige mich und atme durch die Nase; ich bin nämlich intelligent, spirituell und führe mich nicht auf wie ein Affe.« Wenn man sich verleugnet, schwirrt der Kopf noch vor lauter Worten; wenn man sich zurücknimmt, ist er leer oder fast leer, bis auf einige vom Ego befreite Gedanken, die Sie mittlerweile schon kennen: »Hoppla, das Ego dreht wieder durch. Da will ich mich schnell zurücknehmen.« Dabei verschwindet nichts, sondern es taucht etwas auf: die Intelligenz. Dieser Vorgang heißt auch *in den Augenblick eintreten.*

Sehen wir uns die Umschreibung »ganz im Augenblick leben« einmal näher an, um hier ein wenig Klarheit zu schaffen. Niemand scheint so recht zu wissen, was genau damit gemeint ist. Das Ego interpretiert sie ganz nach Belieben: »Ich versuche gerade, ganz im Augenblick zu leben, also geh mir bitte nicht auf die Nerven! Außerdem fände ich es schön, wenn du den Müll selbst hinunterbringen würdest.« Wer so spricht, hat nicht begriffen, dass »ganz im Augenblick leben« auch beinhaltet, den Müll hinunterzubringen.

Ich habe Jugendliche kennengelernt, die Asien bereisen, Bungee-Jumping ausprobieren oder mit 14 das erste Mal Sex haben wollten – denn schließlich komme es darauf an, ganz im Augenblick zu leben. Interessanterweise versagen dieselben Jugendlichen in der Schule, und ihr Ich posaunt gerne hinaus, dass es ihm zu blöd sei, seine Zeit mit langweiligen, erbärmlichen Lehrern zu verschwenden. Offenkundig verwechseln sie »ganz im Augenblick leben« mit »alles haben, alles machen, alles, und zwar sofort«. Unsere moderne Welt verführt das Ich der Heranwachsenden, indem es ihnen über Marken definierte Identitäten anbietet, erklärt ihnen aber nicht, dass ganz im Augenblick zu leben auch bedeutet, in jedem Moment die größtmögliche Aufmerksamkeit walten zu lassen, zuzuhören, zu beobachten, zu erspüren, was in einem selbst und um einen herum vorgeht – auch wenn der Lehrer gerade einen Vortrag hält.

Ich habe auch Menschen um die fünfzig kennengelernt, die ein Loblied auf den Augenblick singen und im selben Atemzug bedauern, dass sie im Leben versagt haben. Ihr Ego macht den Zufall oder das Karma dafür verantwortlich, dass es sich nicht entfaltet hat. Seiner Ansicht nach war es nie zur richtigen Zeit am richtigen Ort, und es behauptet unverfroren, dass es sein Potenzial hätte nutzen können, hätten nur die dafür verantwortlichen Sterne am Tag seiner Geburt in einer entsprechenden Konstellation gestanden. Die Venus hat Schuld! Mit nur ein wenig mehr Glück hätte ihr Ich ganz im Augenblick leben können.

Das Ego lebt jedoch niemals ganz im Augenblick, denn der Grüblerich befindet sich niemals in der Gegenwart. Er rennt immer nur in der Vergangenheit oder in der Zukunft. Nur das bewusste Denken ist in der Lage, ganz im Augenblick zu leben, nicht jedoch das ichbezogene Denken. Das bewusste Denken kann aber vom Ich verseucht sein; dann benutzt es den Augenblick für schlimme Handlungen.

Wenn sich etwa ein Drogensüchtiger einen Schuss setzt, ist seine Aufmerksamkeit ganz auf die Suche nach einer Vene gerichtet sowie auf die Nadel, die die Haut durchsticht, bis die Gehirnzellen in einem endlosen Nebel versinken, in dem der Grüblerich sich nicht mehr bewegt. Im Falle einer Überdosis kann sein Rad sogar endgültig zum Stillstand kommen. Selbstmord ist übrigens der Versuch des Grüblerichs, den eigenen Lauf anzuhalten und so dem Leid ein Ende zu bereiten, das seine Grübeleien hervorbringen. Durch eine Kugel im Kopf versichert sich das Ich auf eindringliche Weise seiner selbst: »Ich bin nicht für diese Welt gemacht, ich bin einfach zu andersartig. Kein Mensch kann mir geben, was ich brauche, oder das außerordentliche Leid lindern, das ich erdulden muss.« In dieser Situation sieht das Ich keinen anderen Weg, Schweigen herbeizuführen oder Aufmerksamkeit zu erlangen. Seine Überlegungen können sogar noch weiter gehen: »Ihr habt mich nicht so geliebt, wie ich es verdient hätte, daher müsst ihr nun auf meine Gegenwart verzichten.« Der Prozess des Sich-Zurücknehmens kann Selbstmord durchaus entgegenwirken.

Der menschliche Geist kann mit dem Augenblick aber ebenso gut in der Absicht verschmelzen, Böses zu tun oder ein Leben auszulöschen. Auch wenn ein Folterknecht sich daranmacht, sein Opfer zu quälen, ist seine sadistische Konzentration ganz in der Gegenwart verankert.

Es gibt unzählige schlimme, tragische, ja grausame Handlungen, bei denen die Aufmerksamkeit keine Ablenkung duldet: wenn ein Heckenschütze den Finger auf den Abzug legt;

wenn ein Attentäter die letzten Verkabelungen an einer Bombe anbringt; wenn ein Taschendieb unbemerkt von den Umstehenden die Tasche einer älteren Dame leert. In solchen Fällen gilt die Aufmerksamkeit zwar nur dem Augenblick, hinter der entsprechenden Handlung versteckt sich jedoch das Ego in Form einer seiner zahlreichen Identitäten: das Ego und seine Angst, zugrunde zu gehen. Durchtrieben, wie es ist, befällt es das Bewusstsein wie ein Virus. So kann es etwa seine ganze Aufmerksamkeit auf die Worte eines Menschen richten und später genau diese Worte vor einem Publikum, das es beeindrucken will, als die eigenen ausgeben. Hinter dem angeblichen »Zuhören« steckt der Grüblerich mit seinem Bedürfnis nach Selbstverwirklichung. Ein Laufrad, das in eine Sackgasse führt!

Die schlimmsten Krankheiten aller Zeiten sind weder Pest noch Cholera, sondern Hyperaktivität und Mangel an Aufmerksamkeit. Diese modernen Epidemien befallen jedes Ego, das sich nach Liebe sehnt. Doch die Mühe ist vergebens. Das Ich wird immer isoliert bleiben, getrennt und abgespalten von der Welt. In seinen Augen zählt nur es selbst. Wie könnten die Betroffenen das begreifen?

Oft hören wir den Rat, wir sollten »loslassen«, ein ebenso beliebter Ausdruck wie »im Augenblick leben«. Doch dabei wird nie gesagt, wer eigentlich loslassen soll. Das Ego? Das Ego wird niemals irgendetwas loslassen. Es findet sich mit den Umständen ab oder schließt Kompromisse, im besten Fall verhandelt es. Loslassen bedeutet aber, das ichbezogene Denken auszuschalten! Das Ego verzichtet nicht (es verzichtet niemals, dazu ist es überhaupt nicht fähig), sondern es verschwindet und das bewusste Denken tritt an seinen Platz. Dieser Übergang vom Ego zum Bewusstsein ist besonders schwierig. Und das wahrhaft bewusste Denken, das in der Lage ist, sämtliche Machenschaften des Ego, seine Tricksereien und

Manipulationen zu beobachten (und darüber zu lachen!), hat kein Bedürfnis mehr nach Dauer, nach Beständigkeit oder Unsterblichkeit. Es kennt nur noch das tief empfundene Gefühl, im gegenwärtigen Augenblick mit allem verbunden zu sein. Willkommen in der Wirklichkeit!

Übung

Nehmen Sie sich einmal die Zeit – in einem Restaurant, einem Wartesaal, im Büro oder bei einem Abendessen mit der Familie –, auf das zu achten, was die anderen sagen. Versuchen Sie zu erkennen, welche Gedanken vom Ego gelenkt sind (Sie werden feststellen, es sind unzählige) und welche körperlichen Reaktionen diese Gedanken auslösen, sei es bei den Menschen, die sie äußern, sei es bei denen, die zuhören. Fragen Sie sich, wer in der jeweiligen Situation ganz im Augenblick lebt. Sie werden im Handumdrehen begreifen, weshalb es so dringlich ist zu lernen, sich selbst zurückzunehmen.

//

Der Tod

All das Licht, das du ihm gibst, wirst du zurückerhalten.

Jean-Jules Soucy

Viele Menschen sind felsenfest davon überzeugt, dass der Grüblerich nach dem Tod ihrer Gehirnzellen sein Rennen fortsetzt, dass sich ihr Laufrad im Jenseits in einer Art Zoohandlung der Ewigkeit weiterdreht. Manchmal stelle ich mir dieses Paradies vor, in dem Milliarden von Hamstern sich nebeneinander abhetzen und damit prahlen, was sie aus ihrem Leben gemacht haben ... schauderhaft!

Gleichwohl müssen wir uns mit dem Tod auseinandersetzen: mit dem Tod derjenigen, die wir lieben, des Menschen, mit dem zu leben wir uns entschieden haben, dem Tod unserer Kinder, unserer Eltern, unserer Geschwister und unserer Freunde. Ein Körper liegt unter der Erde und zersetzt sich (oder geht in Rauch auf), und der Tod dieses Menschen schmerzt! Wir werden nie wieder seine Wange streicheln, seine Stirn, seinen Hals. Wir werden nie wieder sein Lachen hören, seine Tränen trocknen, ihm die Nase putzen. Wir werden ihn nie wieder beruhigen, ihm etwas beibringen oder ihn erziehen. Wir werden nie wieder in der Nacht seine Hand halten, denn dieser Mensch ist von uns gegangen. Dieser Mensch, den wir in die Arme schließen konnten. Dieser Mensch, dem wir viel mehr Aufmerksamkeit hätten schenken sollen. Er ist nicht mehr da.

Der Schmerz, den wir empfinden, ist wirklich. Wir spüren ihn wie ein glühendes Messer in der Brust, wie Glassplitter, die im Blutstrom durch die Arterien treiben, wie ein Brennen in der Lunge, das bei jedem Atemzug aufwallt. Ein maßloser, sinnloser Schmerz.

Man müsste einen anderen Weg gehen ...

Und wenn es diesen Weg schon gibt?

Manchmal nimmt beim Tod eines Menschen sein Geist die Form des bewussten Denkens an. Das geschieht, wenn er seine letzten Kräfte darauf verwendet, ganz im Augenblick zu sein. Der Grüblerich wird still, denn seine Worte haben keinerlei Bedeutung mehr; nur noch die Gegenwart zählt. Ein Arm legt sich um einen Hals, Blicke begegnen sich. Man bemüht sich nicht mehr darum, etwas zu tun oder zu sagen, denn es gibt keinen Weg mehr zu beschreiten – man ist schon angekommen. Der Grüblerich hat seinen Käfig verlassen und bewegt sich nicht mehr.

Wenn im Geist vollkommene Ruhe herrscht, versteht man. Man begreift: Damit wir leben und lieben können – wahrhaft lieben –, braucht nur das Ich zu sterben, dieses unsichtbare Tierchen, dieser Nager, der von Angst getrieben wird, überall sein Revier markieren muss, selbst auf einem menschlichen Herzen!

Wenn wir uns zurücknehmen, stirbt der Grüblerich noch im selben Augenblick. Pfft – und das Ego ist verschwunden!

Dieser Tod führt uns dorthin, wo es keine Bilder mehr gibt, keine Worte, keine Vergangenheit und keine Geschichte, sondern nur noch das Leben, das wahre Leben. Vielleicht sogar das ewige Leben ...

///

Schluss
Wiederauferstehung ist möglich

Der wahre Wert eines Menschen ist in erster Linie dadurch bestimmt, in welchem Grad und in welchem Sinn er zur Befreiung vom Ich gelangt ist.

Albert Einstein

Die Worte »Selig sind, die da geistlich arm sind; denn ihrer ist das Himmelreich« könnte man auch wie folgt übersetzen: »Selig sind die Gehirne, in denen der Grüblerich zu rennen aufgehört hat, denn sie haben endlich den heiligen Frieden gefunden.« Die Aussage des Mysteriums der Wiederauferstehung lässt sich leicht erklären: Sobald der Grüblerich die Augen für immer schließt, fängt das Leben an! Mit einem Weizenkorn verhält es sich ähnlich: Nur wenn es stirbt, kann neues Leben entstehen. Diese Worte stammen ebenfalls vom Wiederauferstandenen, aus einer Parabel, die er Fischern erzählt hat, die sich mit Ackerbau nicht besonders gut auskannten. (Eine Parabel ist eine Geschichte, in der man einfache Worte verwenden kann.) Und man könnte behaupten, dass jemand auferstanden ist, wenn sein Ego gestorben ist, also sein Hamster, und nicht er selbst! Das macht so glücklich, dass man geradezu schwebt. Es fühlt sich an, als sei man zu neuem Leben erweckt. Man könnte sogar glauben, dass man zum Himmel aufgefahren ist. So ist das, wenn der Grüblerich schweigt: Man glaubt, dass der Himmel existiert!

Die Wiederauferstehung nimmt dem Tod des Ego seinen Schrecken und zeigt, dass das Leben sich erst dann wahrhaft entfalten kann, wenn der Grüblerich verschwunden ist, und sei es nur für zwei oder drei Tage. Und die schiere Gegenwart des Lebens, in all seinem Glanz und all seiner Fülle, reicht aus, damit Freunde es erkennen und überwältigt sind.

Weil ich nun zum Schluss dieses Buches komme, will ich es dabei belassen. Mir war jedoch daran gelegen, über die Wiederauferstehung zu sprechen, damit Ihnen deutlich wird, dass in einem Geist, in dem das Ego stirbt, etwas anderes, Strahlendes erscheint. Etwas, was allein das Schweigen beschreiben kann ...

Dank

Dieses Buch kam nicht ohne Mühen, sondern in so manch schlafloser Nacht sowie durch die tatkräftige Unterstützung zahlreicher Menschen zustande. Wenn im Folgenden nicht alle von ihnen erwähnt sind, bitte ich um Verzeihung.

Zunächst danke ich Jean Paré, weil er vom ersten bis zum letzten Moment an dieses Buch geglaubt hat. Dank geht an sein ganzes Team, vor allem an Mathieu de Lajartre und Manon Chevalier, die mir die Hand gehalten haben, wenn sie wieder einmal ihren Weg nicht fand. Ich danke meinen Freunden Paul Baillargeon und Sylvie Lalande, die alles dafür getan haben, dass ich auch dann schreiben konnte, wenn Heizung, Licht und Strom ausgefallen waren. Danke auch an Carmel, Jay und Julien, die den Generator samt Kabeln durchs Gebüsch geschleppt haben. Auch meinem Freund Michel Brouillette sei gedankt, der stets verfügbar war, wenn der Computer es nicht war. Dank an Louis und Nicole, meine Verwandten in Europa, für ihre liebevolle Ermutigung. Dank an Julie, die ebenfalls meine Hoffnung am Leben erhalten hat. Meinen Eltern und Geschwistern danke ich für ihre gemeinsamen Hinweise. Dank auch an meinen Freund Rémi, der mich mit den Mönchen in Nepal bekannt gemacht hat, die eine so große Bereicherung für mich waren, und der mich auch mit Jean Paré zusammengebracht hat. Ein Dankeschön geht auch an all die anderen Freunde, die dieses Abenteuer so verständnisvoll begleitet haben: Évangéline, Didier und Émilie, Daniel und Simone, Robert und Marcelle, Marie-Christine, Andrée, Ani Lödrö sowie all die anderen, die wissen, dass auch sie ihren Anteil hatten. Émilie, die ich so oft frech »meine Tochter« genannt habe, danke ich für ihre Geduld und ihr Verständnis. Und zum Schluss geht ein Dank an Danielle, für ihre Blicke, ihr Zuhören, ihre Worte, ihr Schweigen, ihr Lächeln, ihr Lachen, ihre wahrhafte Gegenwart und ihr zärtliches Verständnis für das Bedürfnis nach Einsamkeit, das der Prozess des Schreibens mit sich bringt.

Mathieu de Lajartre danke ich darüber hinaus für die Vermittlung des Buches von Kanada nach Frankreich. Er hat eine Brücke geschlagen, von der ich nicht einmal zu träumen gewagt hätte. Eine magische Brücke, die mich unter anderem zu Florence Lécuyer, Jeanne Castoriano und Pascale Barthel geführt hat. Diesen drei Engeln danke ich für den herzlichen Empfang, ihre Begeisterung und ihr Vertrauen sowie dafür, dass sie es diesem Buch ermöglicht haben, in veränderter Form zu erscheinen und neue Leserinnen und Leser zu finden. Vor allem aber danke ich diesen dreien für das Kostbarste, was es auf dieser Welt gibt: ihre Gegenwart.